朝鮮戦争と
日本・台湾「侵略」工作

江崎道朗
Ezaki Michio

PHP新書

はじめに

朝鮮半島有事と台湾危機は連動する

「朝鮮半島有事と台湾有事は連動する。北朝鮮の核開発だけに注目して大局を見失うと、平和を守ることに失敗することになりかねない」

二〇一七年の秋、アメリカを訪れ、米軍の情報部門と米軍に関係する民間シンクタンクの関係者たちと話をしていたとき、こう指摘されたことがある。

民間シンクタンクにいる米軍の元情報将校（インテリジェンス・オフィサー）の一人はこう続けた。

「いま、米軍が北朝鮮に全面的な空爆を実施すれば、米軍としては、北朝鮮攻撃と韓国防衛に力を注がざるをえなくなり、台湾を含む他の地域の防衛が手薄にならざるをえない。というのも、オバマ民主党政権時代の軍縮のせいで兵力は減っており、米軍もまた、朝鮮半島と台湾を同時に対応できるかどうかはわからないからだ。

日本もまた、北朝鮮からのミサイル攻撃に対応するため、海上自衛隊のイージス艦は日本海に展開することになる。海上保安庁の巡視船も、在韓邦人の救出などに動員されることになるだろう。そうなると、尖閣諸島や沖縄を含む南西諸島防衛はがら空きになる。そうなれば、尖閣や台湾が中国によって攻撃されても対応できなくなる恐れがあるのだ」

ステーキ・ハウスで美味しいステーキを食べながらの会話だったが、内容は、かなり厳しいものだった。

要はいまの日本には、朝鮮半島有事と尖閣・南西諸島防衛に同時に対応する力がないではないか、具体的には軍艦と自衛官の数が不足しているではないか、ということだ。

米軍が北朝鮮を空爆することはできるが、米軍にも余力がない現段階で、その隙《すき》をついて中国共産党軍が台湾や尖閣諸島にちょっかいを出したとき、日本はどうするつもりなのか、ということを問い返してきたのだ。

この問いに対して、私は困惑するしかなかった。

なにしろ当時の日本のマスコミ報道は、「核開発を進めている北朝鮮を、アメリカのトランプ政権がやっつけてくれる」という調子のものが大半で、朝鮮半島有事が、尖閣諸島や台湾有事に連動するという分析はほとんど見られなかったからだ。

距離的にも近い尖閣諸島と台湾有事とが連動することぐらいはさすがに私も理解してい

たし、だからこそ尖閣諸島防衛のために海上保安庁の体制強化に動いたりもしてきた。

だが、いまの自衛隊の人員や海上保安庁だけでは、朝鮮半島と尖閣の両方に同時に対応する力がない、という現実はよく理解していなかった。

別の元情報将校はこう続けた。

「われわれは現在、二つの大きな脅威に直面している。短期的には北朝鮮。長期的には中国が自国の利益を確保するために軍事力を使おうとしていること。

北朝鮮の脅威は、軍事だけといえる。経済力がないため、中国に比べればそれほど難しくない。この北朝鮮の問題を混乱させているのがロシア。ウクライナ問題でもロシアは事態を混乱させる方向で動いている。

中国は経済力を持っているため、中国に対して軍事は重要だが、それ以上に外交、情報、経済などの分野で中国を抑止していくことが重要だ。特に中国は、他国が他の問題に気をとられているあいだに、いろいろと手を打ってくるので注意が必要なのだ」

すると、同席していた民間シンクタンクの一人がこう補足した。

「一九五〇年の朝鮮戦争のときも、朝鮮と台湾海峡危機は連動していたことを知らないのか。このときの教訓から、トランプ政権は北朝鮮危機に対応すると同時に、その隙をついて中国共産党政権が台湾に対して何らかの工作を仕掛けてくることを警戒している。よって台湾との関係を急激に強化しているのだ」

朝鮮半島危機の背後で進む米台軍事同盟

この話を聞いて以来、台湾の動向についても注意深く観察してきた。

北朝鮮の核開発や、香港での流血デモが国際的に注目されるなか、あまり注目されなかったが、二〇一九年五月二十七日から三十一日にかけて、台湾が中国からの侵攻を想定した軍事演習「漢光35号」を実施した。

旧知の元米軍関係者に尋ねたところ、戦闘機や攻撃ヘリ、地対空ミサイルまで参加させたこの大規模軍事演習に、米軍将校も多数参加したのではという噂が飛び交っているよと教えてくれた。

なにしろ二〇一七年一月に発足したD・トランプ共和党政権は、歴代アメリカ政府の「親中」政策を全面的に見直し、台湾との関係強化を推進しているのだ。

アメリカと中国共産党政府（中華人民共和国）、台湾（中華民国）との関係は複雑だ。

東西冷戦下、ソ連の脅威に対抗するため、アメリカのR・ニクソン大統領は、中国共産党政府を西側諸国に引き込もうと、一九七一年に訪中を表明(「ニクソン・ショック」と呼ぶ)。そして一九七九年、アメリカは中国共産党政府を「中国を代表する国家」として承認し、台湾との国交はなくなった。これが現在の中国の台頭へとつながっていく。

このとき、アメリカは「台湾関係法」を制定、有償で武器などを提供することで台湾との実質的な関係を維持しようとしたものの、国際的には中国を優遇してきた。他の西側諸国も次々に中国と国交を樹立し、台湾は国際的に孤立していく。

ところが二〇一六年十一月、大統領に当選したトランプは、台湾との関係強化に奔走する。当選からわずか一カ月後の十二月、トランプは台湾の蔡英文総統と電話会談を行い、その直後に成立した「二〇一七年度国防授権法」で米台間の軍事交流について初めて明文化し、台湾海峡に米軍のミサイル駆逐艦を頻繁に派遣するようになった。

アジア太平洋地域の防衛を担当する「米インド太平洋軍司令部」がハワイに置かれているが、その司令部に、背広やアロハシャツで出入りしていた台湾軍人が制服を着用して入ることが許可されたのもこのころだと聞く。

翌二〇一七年十二月、トランプ政権として初めて公表した「国家安全保障戦略」(NSS)において、中国を「戦略的競争」相手と名指しで批判し、一九七九年以来三十八年間も続いた親中路線の転換を打ち出す一方で、オバマ民主党政権では言及されなくなっていた、台湾関係法に基づく台湾への武器供与を明記した。

そして同じ十二月に成立した二〇一八年度国防授権法で、米艦艇の台湾寄港、米軍の演習への台湾の招待、台湾への技術支援などを促進する条文を盛り込んだ。

翌二〇一八年三月には、台湾旅行法が成立、米政府の全レベルの高官の訪台、台湾高官の訪米および米政府高官との交流を許可した。その二カ月後の五月には、台湾で米台国防フォーラムを初開催し、八月に成立した二〇一九年度国防授権法では、台湾との防衛協力強化を明記した。

そして二〇一九年六月、米国防総省が公表した『インド太平洋戦略報告書』において台湾を協力すべき「国家（country）」と表記した。事実上、台湾を独立国家と認定したわけだ。

北朝鮮「核」危機をめぐる米朝首脳会談ばかりが国際的に注目されているが、その陰に隠れて米台軍事同盟が密かに復活しつつあるのだ。

秘密工作、インテリジェンスを踏まえた近現代史研究を

こうした北朝鮮と台湾の動向について、日本人の大半がなぜか無関心、他人事《ひとごと》だ。

北朝鮮の核開発も、中国による台湾「侵略」の危機も、自分たちの問題として考えていない人が大半だ。

日常生活に忙しい庶民はそれもやむをえないと思うが、日本の平和と安全に責任を持つべき政治家や官僚たちの大半も、いざとなればアメリカがなんとかしてくれると、思い込んでいるふしがある。

少なくとも永田町で十年近く政策スタッフとして仕事をしてきた経験からいわせてもらえば、北朝鮮の「核開発」や台湾「危機」に関心を持つ政治家、官僚はある程度存在しているが、それらの「危機」に対応するのはアメリカであって、日本が主体的に対応しなければならないと考えている人はごく少数にすぎない。

だが、いざとなれば、アメリカがなんとかしてくれるのだろうか。

少なくとも近現代史を振り返るかぎり、その答えは「ノー」である。

一九四六年に始まった中国大陸での中国国民党政権と中国共産党政権による、いわゆる「国共内戦」と、一九四九年十月の中国共産党政権の樹立も、一九五〇年六月に起こった朝鮮戦争も、アメリカが間違った対応をした結果、引き起こされたという側面があるのだ。

アメリカはしばしば、重要な判断を間違い、アジア太平洋に悲劇をもたらしてきた。なにしろアメリカは、敵と味方を取り違える天才なのだ。

その事実が、アメリカをはじめとする関係各国の情報、特に外交機密文書の公開とその研究によって徐々に明らかになってきている。

政治、特に国際政治というのは、その当時、マスコミによって報じられた「事象」だけで判断することはできない。

その「事象」の背後には、関係各国首脳の様々な「思惑」や、関係各国による「秘密工作」が渦巻いているのだが、その「実態」の一端を知ることができるのは、各国がそうした「インテリジェンス」に関する情報を公開した「あと」になる。

民主主義を採用するアメリカなどは「三十年公開原則」といって、原則として三十年経ったあと、機密文書を公開し、政治、特に秘密工作などに対する有権者の適切なチェックを可能とする仕組みを整えている。

秘密工作、インテリジェンスは文字通り、秘密裡《ひみつり》に行われることが多い。そのため、民主主義のチェック機能が働かないことになりかねない。そこで、その秘密工作が果たして本当に国益に合致したものだったのか、後世の歴史家たちによって適切に評価される仕組みを整えることで、秘密工作やインテリジェンスの暴走を抑止するとともに、同じ間違いを繰り返さないように賢くなっていくことが重要だと考えているからだ。

今年（二〇一九年）は、日本が敗戦してから七十四年目、朝鮮戦争勃発から六十九年目にあたる。関係各国では、朝鮮戦争をめぐる当時の各国の秘密工作、インテリジェンスに関する情報公開が進んでおり、その研究もアメリカ、中国、ロシア、そして日本でも進んでいる。

そうした世界各国の研究の結果、ソ連と中国共産党による対米工作、対日工作と、アメリカの対外政策のミスによって、日本は先の大戦の敗戦後、共産革命の危機からソ連の衛星国になる危機、朝鮮戦争と連動する形での北海道をソ連に侵略される危機、そして中国共産党政府による台湾「侵略」の危機に晒《さら》されていたことが明らかになりつつある。

当たり前のことだが、国際社会は、日本の思惑、日本の願望どおりに動くわけではない。

しかも現時点で報じられていることだけが国際政治のすべてではない。マスコミで報じられていること、政治家たちが話していることとは正反対のことが、秘密裡に進行していることがあるのだ。

そこで本書では、当時の日本人の多くが理解していなかったが、敗戦後の日本を襲った「危機」がどのようにして起こり、その「危機」にどのように対応したのか、日本占領から朝鮮戦争に至る戦後史を、主としてインテリジェンスに関わる歴史研究を踏まえて描いている。

その目的は、これから日本を襲うであろう、朝鮮半島、台湾、そして尖閣諸島という同時多発の危機に日本がどう対応したらいいのかを、考えてもらいたいからだ。アメリカは頼りになる同盟国だが、そのアメリカに日本の平和と安全を委ねてしまうことは極めて危ういことを知ってほしいのだ。

少なくとも敗戦後、そのことをよく理解し、日本の命運をアメリカ任せにするような愚かな判断をしなかった日本の政治家、軍人たちが存在したからこそ、日本は敗戦後の「危機」を乗り越えることができた。たった一回、戦争に負けたぐらいで、独立国家としての誇りを失うような情けない人ばかりではなかったのだ。

なお、本文中での参考文献引用にあたって、旧字旧かな遣いを新字新かな遣いに改め、一部漢字をかなに置換するなど、表記変更を行った。適宜、改行も施している。本書の場合、戦前・戦中・戦後、実際にどのようなことが書かれ、論じられていたのかを知ることが最優先であるとの判断に基づき、現代の読者に読みやすくなるよう配慮したものである。ご了解賜りたい。また、敬称は基本的に省略している。

本書の上梓にあたって、川上達史さんと山内智恵子さんには、ひとかたならぬご支援をいただいた。特に山内さんには、アメリカの最新歴史研究に関する多くの著作や論文を邦訳していただいたおかげで、本書でもアメリカの最新の研究成果を紹介することができた。

お二人以外にも翻訳その他で協力していただいた方々、関係資料をご教示いただいた方々のおかげで本書を上梓することができた。ここに改めて感謝申しあげたい。

令和元年七月吉日

江崎道朗

朝鮮戦争と日本・台湾「侵略」工作

目次

はじめに

序章　敗戦後の日本を襲った「敗戦革命」

第一章　野坂参三の「平和革命」工作

第二章　日本共産党と朝鮮労働党の共謀

第三章　革命の司令塔・極東コミンフォルム

第四章　中国共産党に操られたトルーマン民主党政権

第五章　台湾を守れ——根本博と「白団」の活躍

第八章　日本共産党の武装闘争

序　章　敗戦後の日本を襲った「敗戦革命」

「敵と味方を間違える天才」アメリカの失敗とアジアの悲劇

日本が戦争に敗れてアジアに平和が訪れたというのは、大きな間違いだ。日本の敗戦後も、アジアでは戦争が続いたからだ。

中国大陸では、蔣介石率いる国民党と毛沢東率いる共産党が国共内戦を繰り広げ、勝利を収めた毛沢東が一九四九年十月一日に中華人民共和国の建国を宣言する。その後、中国大陸では延々と続いた大躍進やプロレタリア文化大革命などの失政と政治闘争で、数千万人の中国人が非業の死を遂げたとされる。その悲劇は、中国共産党軍によって占領されたウイグル、チベットにおいていまも続いている。

北緯三十八度線以北をソ連が、以南をアメリカが占領することになった朝鮮半島でも危機は高まり、一九五〇年六月二十五日に金日成が韓国への侵略を開始。朝鮮戦争の火蓋《ひぶた》が切って落とされる。この戦争では、一説によれば北朝鮮と韓国を合わせて三百五十万人から四百万人が命を落とし、さらに中国から参戦した志願軍も数十万人が戦死したといわれる（米軍も四万人ほどが戦死している）。

さらに、ベトナム戦争、カンボジア内戦、インドネシアでの左派クーデターとその後の弾圧などでも、膨大な数の人々が亡くなっている。

そして、これらの危機と戦争はすべてソ連と共産主義が関係している。第二次世界大戦後、アジアを襲ったのは、ソ連と共産主義の脅威だったのだ。

しかも、このソ連と共産主義の脅威に、敗戦後の日本も、無縁ではなかった。

ところが「ソ連・共産主義の脅威に苦しんできた戦後のアジア」という視点は、わが国の歴史教育においても、国際政治史においても、重視されているとはいいがたい。あえて欠落されてしまっているといってもいいかもしれないが、果たしてそうした狭い視野のままで、国際政治を正確に分析できるだろうか。

こうした共産主義の脅威が本格化したのは、ロシア革命からだ。

第一次世界大戦と連動する形で一九一七年に起きたロシア革命によって、レーニンらがロシア社会主義連邦ソビエト共和国という共産主義国家を樹立した（その後、内戦と諸外国からの干渉戦争を制して旧ロシア帝国内の諸地域を統合し、一九二二年にソビエト社会主義共和国連邦となる）。

ロシア革命に成功したレーニンらは一九一九年、コミンテルン（共産主義インターナショナル＝Communist Internationalの略称）という世界の共産主義者ネットワークを構築し、世界

「共産」革命を目指して、各国に対する工作を仕掛けた。世界各国のマスコミ、労働組合、政府、軍のなかに「工作員」を送り込み、秘密裡にその国の世論に影響を与え、対象国の政治を操ろうとしたのだ。

その目的は、資本主義国同士をいがみ合わせ、戦争を引き起こし、敗戦に追い込むことでその混乱に乗じて一気に権力を奪取し、共産党政権を樹立しようというものだ。「敗戦革命」工作と呼ばれる。

実際にこのソ連・コミンテルンの工作によって世界各地に「共産党」が創設され、第二次世界大戦ののち、東欧や中欧、中国、北朝鮮、ベトナムなど世界各地に「共産主義国家」が誕生した。

かくして第二次大戦後、アメリカを中心とする「自由主義陣営」と、ソ連を中心とする「共産主義陣営」によって世界は二分され、「東西冷戦」という名の紛争が各地で起こった。二十世紀は、自由主義陣営と共産主義陣営との戦いの歴史であった。

一九八九年、東西冷戦のシンボルともいうべきドイツのベルリンの壁が崩壊し、東欧諸国は次々と共産主義国から自由主義国へと変わった。ソ連も一九九一年に崩壊し、共産主義体制を放棄し、ロシアとなった。

このソ連の崩壊に呼応するかのように、世界各国が第二次世界大戦当時の、いわゆる外交、特に秘密工作に関する「機密文書」を情報公開するようになった。

特に、アメリカ政府が第二次世界大戦前後から戦後にかけての在米のソ連のスパイとソ連本国との秘密通信を傍受し、それを解読した「ヴェノナ文書」が、一九九五年に公開されたことは大きな意味を持った。

この情報公開により、戦前、日本を経済的に追い詰めたアメリカのルーズヴェルト民主党政権内部に、ソ連のスパイ、工作員たちが多数潜り込み、アメリカの対外政策に大きな影響を与えていたことが判明した。

そして、このヴェノナ文書の研究者たちのあいだでは、「悪いのは、ソ連・コミンテルンとルーズヴェルト民主党政権ではないのか」という視点に基づく近現代史の見直しが進んでいるのだ。

日本では遅々として進まない「近現代史」の見直し

深刻なのは、このような機密文書の情報公開とそれに伴う近現代史の見直しが同盟国アメリカで起こっているにもかかわらず、こうした動向が日本ではほとんど報じられることがない、ということだ。

そもそも日本では「コミンテルン」「工作員」「敗戦革命」などについては「陰謀論」などと揶揄《やゆ》して正面から取り扱ってこなかった。

しかし欧米諸国では、国際政治学、外交史の一分野として、「工作員」、特にコミンテルンによる秘密工作について論じる学問が立派に成立している。「インテリジェンス・ヒストリー（情報史学）」という。

こうした学問分野の存在を教えて下さった京都大学の中西輝政名誉教授によれば、一九九〇年代以降、欧米の主要大学で次々と情報史やインテリジェンス学の学部・学科あるいは専攻コースが設けられ、ソ連・コミンテルンの秘密工作についての研究も本格的に進んでいる。残念ながら日本だけは、いまだに専攻コースさえ存在せず、一部の学者たちが個人的に取り組んでいるにすぎない。

日本がこうしたソ連・コミンテルンによる「秘密工作」と無縁の存在であったのならば、それもわからないではないが、日本が死力を尽くして戦ったアメリカのルーズヴェルト民主党政権自体が、コミンテルンの対米「秘密工作」によって大きな影響を受けていたのだ。

日本が戦った相手のことを正確に知らずに、どうやって「あの戦争」の真実がわかるというのだろうか。

日本のアカデミズムやマスコミの不作為、視野の狭さを批判することはたやすいが、批判をしているだけでは無責任だ。そう考えて二〇一六年夏、評論活動に専念することを決断し、インテリジェンス、共産主義という視点に基づいて本を出してきた。

二〇一六年には、次の二冊を書いた。

一つは、ヴェノナ文書を踏まえて、コミンテルンの対米工作の実態とアメリカにおける近現代史見直しの動向について紹介した『アメリカ側から見た東京裁判史観の虚妄』（祥伝社新書）だ。

もう一つは、アメリカ大統領選挙と共和党候補であったドナルド・トランプについて書いた『マスコミが報じないトランプ台頭の秘密』（青林堂）だ。

この本では、アメリカは一枚岩ではなく、戦前から共産主義とコミンテルンへの対応をめぐって対立があったこと。その対立は戦後も続き、特に民主党系やマスコミはソ連と中国共産党政府の秘密工作に振り回され、いまやアメリカ社会の解体を主張する言論が横行し、軍を敵視する風潮が強まっていること。そうした反米反軍のマスコミや左翼リベラルへの反発から、共和党のトランプへの支持がアメリカでは高まっていることを紹介した。

二〇一七年も、次の二冊を書いた。

一つは、日米戦争をめぐるアメリカ保守派の最新研究を紹介した『日本は誰と戦ったのか――コミンテルンの秘密工作を追及するアメリカ』（ベストセラーズ、二〇一九年にワニブックスから新書として再刊）だ。この本は、アメリカを代表する保守系学者のスタントン・エヴァンズ教授らが書いた『スターリンの秘密工作員（*Stalin's Secret Agents: The Subversion of Roosevelt's Government*）』（Threshold Editions, 2013）などを参考にしながら、日米開戦の背後でコミンテルンの工作員たちがいかに暗躍したのかを描いたものだ。

もう一つは、ソ連・コミンテルンが戦前、日本にどのような工作を仕掛け、それが日本にどのような影響を与えたのかを描いた『コミンテルンの謀略と日本の敗戦』（ＰＨＰ新書）だ。

この本では、コミンテルンの対日工作を論じる前提として、明治維新から説き起こしている。詳しくはこの本を読んでほしいが、明治以降、日本は「庶民の日本」と「エリートの日本」の二つの世界があり、断絶していた。庶民たちと異なり、エリートたちの多くは、自国の伝統を軽んじることを教えられ、精神的な空洞のなかに追い込まれていた。

しかも「祖国・伝統喪失」状況に置かれた「エリート」たちは大正時代以降、主として次の三つのグループに細分化していた。

第一は、世界恐慌を背景に「資本主義はもうダメだ」という不信感に基づいて、社会主義・共産主義にのめり込んだ「左翼全体主義」のグループだ。昭和初期以降、このグループに属する学者、ジャーナリスト、官僚、軍人たちの一部がソ連・コミンテルンの「秘密工作」に同調し、日本を英米との戦争へと誘導していった。その代表的な人物が、近衛文麿首相のブレーンを務めた朝日新聞の尾崎秀実《ほつみ》だ。

第二は、同じく資本主義と議会制民主主義を批判し、資本主義を掲げたアメリカやイギリスを敵視し、内心では社会主義に共感しながらも、「左翼」を弾圧し、「官僚独裁」政治にすることが戦争遂行のために必要であり、国体（皇室）を守ることだと信じた「右翼全体主義」のグループだ。天皇の名の下、テロや武装蜂起を行った、いわゆる五・一五事件から二・二六事件、そして大政翼賛会に至る動きを主導したのがこのグループだ。

そして第三は、聖徳太子以来の政治的伝統を独学で懸命に学ぶなかで、不完全であっても資本主義、議会制民主主義を尊重し、統制経済に反対し、コミンテルンの「対日工作」に警戒心を抱き、皇室の下で秩序ある自由を守ろうとした「保守自由主義」のグループだ。

そして残念ながら、美濃部達吉博士のような「保守自由主義者」は、政権と軍部を主導した「右翼全体主義者」たちによって徹底的に弾圧され、日本は反米親ソ、統制経済から全体主義へと誘導され、日米開戦へと追い込まれていった。

自由主義陣営に属することを選択された昭和天皇

二〇一八年には、『コミンテルンの謀略と日本の敗戦』の続編として『日本占領と「敗戦革命」の危機』（ＰＨＰ新書）を発刊した。

この本では、一九三七年のシナ事変「後」から一九四七年の二・一ゼネストまでを扱っている。

ソ連・コミンテルンは、資本主義国家同士の対立をあおって戦争を引き起こし、敗戦に追い込んだ国々で混乱に乗じて共産党が権力を奪取し、共産主義政権を樹立する「敗戦革命」を狙っていた。

そしてその狙いどおり、ポーランド、ハンガリーなどの中・東欧諸国や中国、北朝鮮などで敗戦革命を実現させた。当然のことながら、戦争に追い込んだ日本に対しても戦後、敗戦革命を引き起こす準備をしていた。

その準備はどこでされていたのか。

ソ連を司令塔に仰ぎながら、アメリカと中国の二カ所で、日本の敗戦革命の計画立案と「革命の担い手」の養成が行われていたのだ。

日本は敗戦後、アメリカを中心とするＧＨＱ（連合国軍最高司令官総司令部）によって憲法改正を含む全面的な占領改革を強制された。

その対日占領政策の形成過程についての研究は進んでいるが、一九九五年にヴェノナ文書が公開されたことで、それらの研究を全面的に見直さなければならない事態に直面している。なにしろ、ルーズヴェルト民主党政権下で対日占領政策の立案に携わっていたメンバーの多くが、ソ連・コミンテルンの「工作員」「協力者」であったことが判明したからだ。

アメリカが日本の民主化のために対日占領政策を立案していたという表現は不正確なのだ。厳密にいえば、ルーズヴェルト民主党政権に潜り込んだコミンテルンの工作員たちが対日「敗戦革命」計画を立案していたのだ。

こうした対日「敗戦革命」計画を阻止されたのが、昭和天皇であった。昭和天皇はまず、ソ連にではなく、アメリカに降伏することで自由主義陣営に属することを選択し、日本の共産化を避けようとされた。昭和天皇がソ連との連携の道を模索されていたならば、日本は、北朝鮮と同じ「共産主義国家」の道を歩まされたかもしれなかったのだ。

「明日にでも革命が起って、人民政府が誕生するかもしれぬ」

残念ながら戦争が終わっても、敗戦革命の危機は続いた。

というのも敗戦後、ＧＨＱに潜り込んだソ連の工作員たちが日本で敗戦革命を引き起こすべく、日本の政治体制を弱体化するだけでなく、意図的に経済的困窮へと日本国民を追い込み、社会不安を煽ったのだ。

しかも、こうした食糧危機を背景に、ＧＨＱに潜り込んだ工作員たちが日本占領開始直後、直々に刑務所に出向いて徳田球一や志賀義雄らを解放し、野坂参三が一九四六年に延安からモスクワを経て帰国する際に便宜を図るなど、陰に陽に日本共産党の復活と勢力強化に手を貸していた。

かくしてＧＨＱの支援を受けた日本共産党は、労働組合を相次いで結成し、大規模な反政府グループを組織していく。

一九四七年二月、食糧危機を背景に膨れ上がった労働組合を操る日本共産党と左翼勢力によって計画された二・一ゼネストは、内乱、人民統一戦線政府の樹立、そして共産革命へと発展しかねない大きな「危機」だった。

その緊迫ぶりをのちの労働大臣兼厚生大臣の吉武惠市《えいち》はこう回想している。

《昭和二十二年一月三十一日早朝、米軍当局は進駐以来はじめての戦闘体制に入った。二・一ゼネストを武力に訴えても阻止するためだ。

伊井彌四郎共同闘争議長はじめ各単産委員を前にして、総司令部当局は、まずスト中止の放送をせよと厳命した。「放送せねば即刻諸君を逮捕する……」と。三十一日の午後四時十分であった。

「共産党員に非ざれば、人に非ず」というと、今時の人は驚くかもしれぬが、昭和二十二年頃は正にそんな時代であった。明日にでも革命が起って、人民政府（引用者注・共産党政権のこと）が誕生するかもしれぬといった社会情勢であったから》[1]

なぜ共産革命が起きかねない事態になっていたのか。

それは繰り返すが、敗戦後の日本を占領し、絶対的な権力を持っていたGHQが、正確にいえばGHQのなかに入り込んでいたソ連の工作員とその協力者たちが、日本共産党を応援していたからなのだ。

アメリカは自由主義の国であり、ソ連と敵対していたと思い込んでいる人が多いが、日本にやってきたＧＨＱのメンバーの多くは、ニューディーラーと呼ばれ、ソ連と社会主義、そして日本共産党に共鳴していたのだ。

吉武厚相は、こう回想を続ける。


《結論的にいえば、あのようなドタン場に事態を追いやったのは、ＧＨＱの不手際であったといえると思う。当時総司令部の連中は、前年五月の〝米よこせ大会〟で明かにされた日本共産党の暴力主義を見て、口には「共産党を歓迎せず」といっていたが、実際は、日共こそ日本を民主化する中心的なものとして高く評価していたようであった。

従って二十一年十月頃あたりから「日共に操られた労組が新春を機にゼネストを企んでいる、一種の流血革命だ」と、われわれがしきりに訴えるにも拘らず、ＧＨＱは一向に取り上げないばかりか、かえって「君たちは民主主義の芽を摘もうとしているのではないか」と注意される始末であった。

かかる背景とインフレの波に乗って、国鉄、全逓、日教組など官公庁労組が先頭きって「賃上げスト」を押し出してきた。背後で日共が指導していたことはいうまでもない。（中略）

一月六日の日共の声明はハッキリこれを裏付けている。『二百六十万組合員を持つ全官公労組のゼネストを支持し、ともに民主人民政府樹立のために闘わんことを、全民衆に訴えるとともに、わが党は全力をあげて、この先頭に立って奮闘する』》[2]

ゼネストの狙いが「民主人民政府」を樹立することだと明言したにもかかわらず、GHQが日本共産党とゼネストを支持しているかのような対応をとったことから、日本共産党はますます図に乗っていく。吉武厚相はこう続ける。

《(昭和二十二年一月下旬になると)既に人民政府の閣僚名簿まで出来上った噂も、われわれの耳に入るようになった。『アカハタ』紙上で、徳田球一が「民主政権はどう作られるか」という談話のなかで『人民政府は各種民主団体の代表者によって構成、特に労働組合から大臣、政務官その他の高級官吏が選出されることが望ましい。運輸大臣は国鉄から、海運関係高官には全逓から……』といった調子で、もう政権を手中に収めてしまったような口振りである》[3]

ゼネストによって吉田茂政権を打倒し、共産党と労働組合の幹部による「人民政府」を樹立するつもりであったのだ。

幸いなことに、GHQは一枚岩ではなかった。共産党に反感を持っているグループもGHQには存在していたのだ。

「ゼネストから敗戦革命へ」という日本共産党のシナリオに危機感を抱いた吉田茂政権は、インテリジェンス担当のGHQ参謀第二部（G2）のチャールズ・ウィロビー将軍ら「反共派（共産主義に反対するグループ）」と連携して、GHQ幹部に対して粘り強く説得を試みた。その結果、GHQ幹部もようやく深刻な事態に気づく。

吉武厚相はこう続ける。

《GHQ側でボツボツ慌て出したのは、たしか（一月）二十日頃からだったと思う。それも担当の労働課ではなく、部外の経済関係課から「このままゼネストに入ったら、えらいことになるぞ」と、首脳部に意見を具申したと聞いている》4

そしてゼネストの前日、GHQはようやくゼネスト中止を命じたのだ。

《三十一日真夜中、ついにGHQが乗り出し、共闘の代表を呼びつけ、マーカット少将はただ一言『（引用者注・経済科学局長マーカット少将が「ストは占領政策に違反する」のでゼネストは中止するように命じた一月）二十二日の勧告をマッカーサー総司令官の命令として出す。二月一日のゼネストは中止すべし』かくして二・一ストは実行されず、日本の破滅の危機は回避された》5

「日本の破滅の危機は回避された」との一文を、軽く見てはいけない。六百万人の労働者を集結させ、交通・通信・工業など全国規模であらゆる活動を停止するはずだった二・一ゼネストがもし決行されていれば、首相・松本治一郎、外相・野坂参三、内相・徳田球一という「人民内閣（実質的な「共産党」政権）」が成立してもおかしくなかったのだ。

日本共産党を支援するGHQ民政局

繰り返すが、二・一ゼネストは、野坂参三、徳田球一、志賀義雄らを中心とする日本共産党が、内閣打倒と人民内閣の成立を目指した、敗戦革命工作の一環であった。

その流れが作られたのは、GHQのなかで、民主化を担当する民政局（GS）の力のおかげといってよい。

だが、この時期から、占領軍（GHQ）内部でも、日本共産党を支持するニューディーラーが集まる民政局（GS）と、GSを警戒する参謀第二部（G2）との「対立」が色濃くなっていく。

というのも、チャールズ・ウィロビーが率いるG2は、日本占領を開始したのち、戦前の日本を揺るがしたゾルゲ事件の資料に接し、ゾルゲ事件とカナダで発覚した原爆開発機密情報スパイ事件（グセンコ事件）との類似性に注目し、ソ連のスパイ工作がGSにも浸透しているのではないかと警戒するようになっていたのだ。

構図を示すと、次のようになる。

民政局（GS）――共産党を支持し、吉田茂政権を敵視
参謀第二部（G2）――共産党とGSを警戒

もっとも、GS、つまりニューディーラーらの影響力は二・一ゼネスト後も、衰えなかった。

マッカーサー司令官自身は、共産主義も日本の共産化にも反対であったが、敗戦間もない当時、アメリカにとって最大の敵は「日本の軍国主義者たち」であり、その「軍国主義者」たちによる日本の政治を「民主化」するためには、日本共産党も活用すべきだと考えていたのだ。

マッカーサー司令官が日本共産党を敵視するようになるのは、一九四八年以降、国際情勢の変化とアメリカ本国政府の外交政策の転換によって対日占領政策が「反共の防波堤の構築」（いわゆる逆コース）に変化してからだ。それまではGS、つまりニューディーラーたちの優位が続くのである。

一方、日本共産党は、二・一ゼネストの挫折によって労働組合への影響力を低下させたものの、代わって中・東欧の支配をほぼ完了させたソ連が本格的にアジア工作を開始し、日本と台湾に対する「侵略」工作と朝鮮戦争という危機が日本を襲うことになる。

【注】

1　吉武惠一「二・一ゼネストの思い出」、吉田茂『回想十年』第二巻、昭和三十二年、新潮社、二九三頁。

2　吉武惠一「二・一ゼネストの思い出」、吉田茂『回想十年』第二巻、昭和三十二年、新潮社、二九三～二九四頁。

3　吉武惠一「二・一ゼネストの思い出」、吉田茂『回想十年』第二巻、昭和三十二年、新潮社、二九五頁。

4　吉武惠一「二・一ゼネストの思い出」、吉田茂『回想十年』第二巻、昭和三十二年、新潮社、二九五頁。

5　吉武惠一「二・一ゼネストの思い出」、吉田茂『回想十年』第二巻、昭和三十二年、新潮社、二九六頁。

第一章　野坂参三の「平和革命」工作

日本社会党・片山哲内閣成立の裏事情

独立を失った属国というのは、哀しいものだ。なにしろ、自国の命運を自国の意思で決定することができないのだから。

一九四五年八月から一九五二年四月の講和独立までの約六年半、アメリカの占領下にあった日本政府は、アメリカ政府と、その出先であるGHQに翻弄されつづけた。

二・一ゼネストを回避し、共産党政権の樹立をなんとか回避した日本だったが、GHQ内部にいるニューディーラーたちは、日本の「民主化」を断念していなかった。

やっとの思いで「日本の破滅の危機」を回避した吉田茂政権に対して、マッカーサー司令官はゼネスト中止からわずか一週間後の一九四七年二月七日、衆議院の解散・総選挙を命じた。ゼネストは中止させたマッカーサーだったが、吉田内閣批判がこれだけ盛り上がった以上、選挙によって信を問うべきだと考えたのだ。

ある意味、労働組合と吉田内閣に対しケンカ両成敗の対応をしたともいえるが[1]、吉田茂首相にとってみれば、労働組合による反政府運動をけしかけたのはGHQの側であり、あまりにも理不尽な対応であった。

とはいえ、ＧＨＱには逆らえない。

かくして行われた一九四七年四月二十五日の第二十三回衆議院選挙では、労働組合を背景にした日本社会党（片山哲委員長）が百四十三議席を獲得して第一党となり、民主党（芦田均総裁）、国民協同党（三木武夫書記長）との連立で、片山哲内閣が成立する。

これは、吉田「日本自由党」政権に民意がノーを突き付けた、という話ではない。というのも、この総選挙の背後で、ＧＨＱの民政局（ＧＳ）が総力を挙げて片山「日本社会党」内閣成立を応援していたからである。

第一に、総選挙前に行われた選挙法改正への容喙《ようかい》、つまり口出しである。

吉田「日本自由党」内閣は、従来の大選挙区連記制が小会派と共産党に有利なので、大政党に有利な小選挙区制にすることを望んでいたが、ＧＳが認めず、妥協の結果、中選挙区単記制が採用された[2]。

日本社会党にとって中選挙区単記制は、大選挙区連記制より議席が取りにくいのは事実だが、それでも小選挙区制に比べればはるかに有利だった。

第二に、公職追放（パージ）の恣意的な運用である。吉田茂が率いる「日本自由党」所属の多くの現職の政治家が、公職追放によって選挙に出られない状況が作られていた。ＧＨＱ

内部のGSはなんとしても、吉田「日本自由党」政権を打倒しようとしたわけだ。

共産党連立政権から社会主義革命へ

その一方で四月二十五日の総選挙では、ゼネストの仕掛け人であった日本共産党は改選前の五議席から四議席へと一議席減らした。

総選挙の一カ月前の三月十二日にはトルーマン・ドクトリンが発表され、六月五日にはマーシャル・プランが発表されて、アメリカの外交政策は対ソ封じ込めへと転換しつつあった。その影響もあって、GHQの反共派グループが、共産主義批判を始めたのだ。

投票日約一カ月前の三月二十五日にGHQ政治部代表が記者会見し、「アメリカがナチズム、ファシズムおよび東條（英機）の日本主義と戦わざるを得なかったと同様、世界のあらゆる場所で戦わんとするのはこの反民主的、純政治的かつ残酷に侵略的な共産主義である」と、激しい表現で共産主義を批判し、翌二十六日に新聞報道された[3]。

GHQによる共産主義批判の影響は大きかった。

選挙後の五月十四日、共産党との統一戦線結成に関わってきた日本社会党左派の加藤勘十と鈴木茂三郎が、共産党との絶縁を声明した。

だが、共産党は締めなかった。五月十八日から三日間にわたって行われた共産党中央委員会総会で野坂参三は、「議会外の大衆活動と結合することによって、議会を通じて、民主的方法によって政権を掌握し、民主人民政権を樹立し、かくして民主革命の完遂と社会主義革命への移行を実現する可能性」があると主張した[4]。

戦争や軍事力によらずとも、連立政権という形で共産党が政権内部に入ることができれば、「平和革命」、つまり平和裡に社会主義革命を実現できるとしたわけだ。

簡単に示すと次のようになる。

「敗戦革命」─日本敗戦とゼネストによる内乱から共産党による権力奪取、そして社会主義革命へ

↓

「平和革命」─共産党連立政権から共産党独裁政権、そして社会主義革命へ

とはいえ、総選挙に敗北した共産党は、当面のあいだ、野坂のいう「議会外の大衆活動」に力を注ぐことになる。共産党がデモやストライキや大規模集会などの大衆行動で騒乱状態

を作り出すうえで、動員力の基盤としていたのは労働組合であった。

戦後、急激に増えていった労働組合には、大きく分けると、社会党系（主に日本労働組合総同盟、略称総同盟）と、共産党系（主に全日本産業別労働組合会議、略称産別会議）があり、共産党系組合が二・一ゼネストの主力となっていた。

しかし、二・一ゼネストの挫折とその後の総選挙での「共産党」敗北によって、産別会議のなかでも、共産党への批判が高まることになった。

そして、社会党系の総同盟が一九四八年年一月十三日の第二回中央委員会で「労働組合民主化連盟」を発足させ、産別会議や共産党と対決する方針を決定した[5]。

二月には産別会議のなかで、共産党による支配を望まない労働組合の役員や書記局メンバーが「産別民主化同盟」（産別民同）を結成し、共産党と激しく対立するようになっていく。

大半の労働組合員は、戦後の焼け野原のなかで、働く場所と適切な賃金を求めて組合に入っただけであり、日本共産党が支持する「敗戦革命」を支持したわけではなかった。

吉田茂「反動」内閣を打倒すれば、少しでも生活がよくなると思ってデモに参加した労働組合員たちも、その後の総選挙で吉田政権は退陣し、社会党政権が樹立された時点で、デモに参加しなければならない理由はなくなった。

何より賃金の上昇や生産の拡大、そして物価の安定よりも、共産革命というイデオロギーを優先する共産党への嫌悪感が急激に広がっていったのだ。

かくして一般の労働組合員の気持ちを読み間違えた共産党は、産別会議を通じた動員力を次第に失い、労組「以外」の動員力や手段に頼るようになる。労組以外の手段とは、ソ連抑留帰還者の取り込み、ソ連との連携強化、野坂が「平和革命論」で強調した議会活動、そして在日朝鮮人組織の活用である[6]。

シベリア抑留者を「共産革命の戦士」に

日本の敗戦後、ソ連は約七十万人の日本人を不法に抑留し、シベリアだけでなくソ連各地の収容所で強制的に働かせながら、ソ連と共産革命を支持するよう、共産主義のプロパガンダ教育を行っていた[7]。

その手段になっていたのが収容所内でソ連軍が刊行していた『日本新聞』である。ソ連軍は、応召前に左翼運動と関わって治安維持法違反で検挙されたことのある日本兵士らを使って『日本新聞』の編集にあたらせていた。『日本新聞』には、アメリカと占領軍への批判や「天皇制打倒」の記事が掲載されていた[8]。

この抑留者たちの帰還が一九四六年十二月から始まる。
和田春樹教授によると、帰還する抑留者たちに対して、赤軍（つまりソ連軍）極東軍管区政治部第七課の将校たちが特別講習を行い、以下のテーマで、一九四六年十一月二十日から十二月五日までのあいだに二百五十回の講演が行われた。

《1. ソ連憲法は世界でもっとも民主的な憲法である
2. ソ連邦市民の権利と義務
3. ソ連邦は多民族の国である
4. ソ連邦における労働立法について
5. ソビエト軍の解放的使命について
6. 捕虜と民間人の引き揚げにかんするソ連政府の決定について
7. 日本の国内事情について
8. 日本における民主統一戦線の結成をめざす闘争
9. 北朝鮮における土地改革
10. 日本における土地改革の新法案について

11．北朝鮮における民主的改造について
12．吉田政治は日本をどこへ導くのか
13．日本の食糧事情について
14．日本共産党は何をめざして戦うのか》[9]

ソ連側は、帰還する日本人捕虜のための収容所を大連、咸興、ナホトカ、真岡に設置した。そこでは集会が開かれて、抑留者たちがソ連政府、ソ連軍司令部、スターリンに対する感謝を表明したという[10]。

ソ連は、抑留者たちを日本での「共産革命の戦士」として使うことを考えていた。一般の抑留者に対しては日本共産党に入党するよう指導する一方で、いずれ日本で工作員として使えそうな人間は、ソ連秘密警察（ＮＫＶＤ、のちのＫＧＢ）が選別し、早期帰国を餌に、帰国後のソ連への協力を誓わせる誓約書に署名させたうえで、諜報活動の仕事や訓練をさせていた[11]。

警視庁公安部がまとめた部外秘資料『ラストボロフ事件・総括』は、ソ連が抑留者を対ソ諜報協力者として獲得していった手口を、次のように描写している。

《これら各収容所に抑留された日本人は知識ある家畜としてソ連の労働不足を補い戦後の復興のため働かされたが、同時に共産革命の戦士としての思想教育に服することも強いられていた。このような状況下で手先の育成が行われたが獲得は取調べの機会が利用された。すなわち被収容者は第二次世界大戦の責任を追求されたが中でも手先候補に目された人達に対する取調べは厳しかった。

ソ連はこれも手先とすべき人達について戦争犯罪や反ソ活動など身に覚えのない事実をデッチ上げて厳しく追求し、死刑または長期重労働が準備されていることを匂わして脅迫する一方、収容所内に帰還者名簿を掲示して大多数の収容者が喜こびに沸き上がっている中で絶望を抱く対象の心理に巧みに食い入り、再度呼び出して協力することを条件に帰国させることを申し向けて協力誓約をさせている。前途に希望を失いつつある戦争犯罪人にとって帰国は最大の渇望であり瞼に浮かぶ肉身の面影には勝つことができず遂に多くの人達が誓約書を提出している》[12]

工作員候補者たちには、一般抑留者に対してとは逆に、日本共産党との接触を禁じ、共産主義に関する文献を読むことも禁じた[13]。

米軍は、ソ連のこうした工作を摑んでいた。米軍のCIC（対敵諜報部隊）は、一九四六年から、つまり抑留者が帰還しはじめた最初のころから、帰還者への尋問調査を始めており、日本共産党の内部情報も徹底して収集・調査していた。

帰国後の対ソ協力を誓約した抑留者は、もし誓約しなければでっち上げの罪状で帰国が引き伸ばされる恐れがあり、早く帰国するために心ならずも署名した者が少なくなかった。そのため、日本に帰国後、CICによる尋問の際には積極的に話したり、自分から米軍当局に出頭して告白したりする者も多かった[14]。

ソ連からの帰国者すべてがソ連の工作員になったわけではなかったのだが、帰国後、実際にソ連に協力した者も相当数いたこともまた事実である。

ラストボロフ事件資料が示した対日工作

在日ソ連代表部に二等書記官の肩書で勤務していたソ連の工作員、ユーリー・ラストボロフが一九五四年一月二十四日にアメリカに亡命し、ソ連の対外工作の実態を暴露した。

インテリジェンスの世界では有名なこの「ラストボロフ事件」の資料によって、ソ連が占領期に行っていた対日工作の生々しい実態の一部が暴露されたが、なぜか日本ではこの資料の存在は黙殺されてきた。

ラストボロフはソ連内務省（MVD。NKVDの後継でKGBの前身）所属の工作員で、十分な諜報訓練と準備のうえで、一九四六年二月、東京の対日理事会ソ連代表部に派遣された。肩書はソ連外務省職員かつ翻訳官だが、実態は工作員である。同年十一月にいったんモスクワに呼び返され、その後一九五〇年七月に再来日してから亡命するまでのあいだに多くの日本人工作員を獲得して諜報活動に使っていた[15]。

アメリカ亡命後の供述によると、当時、ソ連は、アジア諸国を自由主義国家陣営から引き離してソ連の傘下に置くために、対日理事会のソ連代表部のメンバーとして多数の工作員を送り込んでいた[16]。一九五四年一月二十二日の時点でソ連代表部には家族を含めて三十人のソ連人がいたが、そのなかの十六人が諜報活動に従事していたという[17]。

ただし、十六人というのはあくまでもラストボロフがいった数字であって、その十六人以外は諜報活動に無関係だったのかどうか、実際のところはわからない。

ソ連代表部内の工作員には、ラストボロフと同じくMVD所属の者もいれば、陸軍と海軍それぞれの情報部所属の者もいた。

ラストボロフは軍情報部の工作についてはごく限られたことしか知らされておらず、また、同じMVD所属の工作員同士も、縦のつながりはあっても横の情報共有はないので、ラストボロフが語っているソ連代表部の日本での諜報活動は氷山の一角と考えるべきだろう[18]。ソ連の諜報活動の主要な目的は、日本の宮中（皇室）、政府、財界、政党に工作員を浸透させ、自由主義国家陣営間の離反を図ることだった。

日本の降伏によってソ連は日本に諜報網を広げる大きな機会を得た。なにしろソ連のスパイ、工作員を捕まえる専門部署である内務省が、GHQの手で解体されてしまったからだ。日本でソ連の諜報網を広げるために急務だったのが、工作員・協力者の徴募である[19]。

ソ連が占領期の対日工作のために工作員を獲得したルートは主に三つあった。

第一に、戦時中、ソ連の首都モスクワに駐在していた日本人外交官と新聞記者ら五人から成るグループである。

警視庁公安部外事第一課『ラストボロフ事件・総括』によれば、毎日新聞社モスクワ支局長・渡辺三樹男が中心で、ほかに朝日新聞社支局長・清川勇吉、（外務省）大使館書記生・庄司宏、同・日暮信則、海軍書記・大隅道春がいたという。五人が政治団体「日本新民主主義樹立準備会」を設立すると、ソ連内務省がそれを知って接近。モスクワに在住し、戦時下で不便な生活を強いられていた彼らに便宜を提供するかたわら、共産主義教育や諜報訓練を施し、帰国前に五人それぞれに文書で諜報協力を誓約させた[20]。

第二に、日本の占領開始後、ソ連工作員が日本で獲得したケースである。廃墟のなかで仕事がなく困っていた人たちが対象になった。

たとえば、ソ連代表部から日本語の雑誌記事のロシア語翻訳を依頼され、報酬をもらいながら翻訳を引き受けるうちに巧妙に工作活動に引き込まれた、東京外国語大学助教授の石川正三の例がある。石川はソ連側に東京外国語大学の学生たちの経歴・思想・動向などを報告する貴重な情報源となった[21]。

そして第三に、抑留者からの獲得である。人数としてはこれが最も多かった。

ラストボロフが供述した元抑留者の工作員には、日本共産党の志位和夫委員長の伯父にあたり、引揚後は米極東軍情報部地理課に勤務していた志位正二《まさつぐ》、長らく自民党の大派閥・宏池会の事務局長を務めた田村敏雄、G2の中核部隊CIC勤務者の滝柳精一などがいる[22]。

抑留中に対ソ諜報協力の誓約書を書かされた引揚者が、帰国後、どのようにソ連側から連絡を受け、諜報に協力させられていったか、一例として志位正二のケースを挙げよう。

《昭和二六年九月七日午前六時五〇分ごろ出勤のため自宅を出たところ付近路上に一台のジープが停車し、そのジープから降りてきた外人から英語で「タバコの火を貸してくれ」と話しかけられた。志位が持っていたマッチをすってやると、外人は自分のポケットから取り出した紙片を無言のまま志位のワイシャツのポケットに入れた。志位がその場で紙片を見ようとすると、外人は「あとで」と言い残してジープで立ち去った。

志位はその後バスに乗り、車内で改めて紙片を見ると平仮名と漢字混りで「子供も母親もあなたを待っています。次週の金曜日午後七時三〇分から八時の間に帝国劇場の裏で会いたい」とあり場所も図示してあった。

この紙片冒頭の「子供も母親もあなたを待っています」というのはカラカンダ収容所で抑留されていた時、ソ連側から指定された合言葉（山上憶良の歌）の下の句「それか《ママ》の母も吾を待つらむぞ《ママ》」の訳文であった。

このときの外人はラストボロフで連絡はこのようにして始まっている》[23]

ソ連側は、抑留中に早く帰国したいばかりに対ソ協力を誓約した元抑留者に連絡を取り、誓約書を盾にした脅迫も使いながら工作活動を実行させていた。もっとも、戦前、満洲国民生部労務司長で、終戦直後に新京日本人会を組織して邦人保護にあたっていた飯沢重一のように、引揚後にソ連側から接触を受けても巧みに抵抗して地元警察署に保護願いを出し、事なきを得た者もいた[24]。

ラストボロフは在日工作員三十六名の名前を挙げている。そのうち、ラストボロフが直接接触または運用していた者十五名、ラストボロフ以外の工作員が運用していた者十三名、捜査中判明した対ソ誓約者が八名である[25]。また、在日ソ連代表部内のソ連軍情報部が利用できる潜在的日本人工作員は、約二百五十人いたという[26]。

一九四七年の二・一ゼネストの中止で日本共産党の「敗戦革命」は頓挫しつつあった。だが、それで日本共産化を諦めるようなソ連ではなかったのだ。

【注】

1　ものがたり戦後労働運動史刊行委員会編『ものがたり戦後労働運動史Ⅱ』、第一書林、一九九七年、二二頁。
2　片岡鉄哉『日本永久占領』、講談社+α文庫、一九九九年、一〇二頁。
3　『朝日新聞』一九四七年三月二十六日、東京朝刊一面。
4　和田春樹『歴史としての野坂参三』、平凡社、一九九六年、二〇三頁。

5　ものがたり戦後労働運動史刊行委員会編『ものがたり戦後労働運動史Ⅱ』、第一書林、一九九七年、九一頁。
6　柴山太『日本再軍備への道』、ミネルヴァ書房、二〇一〇年、八五頁。
7　抑留者の正確な数はわかっておらず、七〇万人という数字は長勢了治『シベリア抑留全史』（原書房、二〇一三年）一八二頁の推定値に由った。部外秘の外事警察資料『ラストボロフ事件・総括』（六二頁）は、終戦時にソ連占領地域に軍民合計約二百七十二万六千人の日本人がおり、ソ連が一九四五年八月末までに満洲、朝鮮、樺太を占領したのち、九カ月間に軍民合計約百七十万人以上をシベリアに移送、その後外蒙やヨーロッパ、ロシアにわたる千二百以上の収容所に分散収容されたとしている。
8　和田春樹『歴史としての野坂参三』、平凡社、一九九六年、一九一頁。
9　和田春樹『歴史としての野坂参三』、平凡社、一九九六年、一九二頁。
10　和田春樹『歴史としての野坂参三』、平凡社、一九九六年、一九二～一九三頁。
11　進藤翔太郎「抑留帰還者を巡る米ソ情報戦」、中部大学編『ＡＲＥＮＡ』第二〇号、二〇一七年、一一四頁。
12　警視庁公安部外事第一課『ラストボロフ事件・総括』（部外秘資料）、一九六九年、六二頁。
13　進藤翔太郎「抑留帰還者を巡る米ソ情報戦」、中部大学編『ＡＲＥＮＡ』第二〇号、二〇一七年、一一八頁。
14　進藤翔太郎「抑留帰還者を巡る米ソ情報戦」、中部大学編『ＡＲＥＮＡ』第二〇号、二〇一七年、一一四、一一八頁。
15　警視庁公安部外事第一課『ラストボロフ事件・総括』、部外秘資料、一九六九年、三〇～三一頁。

16 警視庁公安部外事第一課『ラストボロフ事件・総括』、部外秘資料、一九六九年、四四頁。
17 警視庁公安部外事第一課『ラストボロフ事件・総括』、部外秘資料、一九六九年、五頁、四四～四五頁。
18 警視庁公安部外事第一課『ラストボロフ事件・総括』、部外秘資料、一九六九年、四四～四五頁。
19 警視庁公安部外事第一課『ラストボロフ事件・総括』、部外秘資料、一九六九年、五九～六〇頁。
20 警視庁公安部外事第一課『ラストボロフ事件・総括』、部外秘資料、一九六九年、六頁。
21 警視庁公安部外事第一課『ラストボロフ事件・総括』、部外秘資料、一九六九年、三四頁。
22 警視庁公安部外事第一課『ラストボロフ事件・総括』、部外秘資料、一九六九年、三一～三二頁、三五頁、三七頁。
23 警視庁公安部外事第一課『ラストボロフ事件・総括』、部外秘資料、一九六九年、六七頁。
24 警視庁公安部外事第一課『ラストボロフ事件・総括』、部外秘資料、一九六九年、三四～三五頁。
25 警視庁公安部外事第一課『ラストボロフ事件・総括』、部外秘資料、一九六九年、七頁。
26 進藤翔太郎「抑留帰還者を巡る米ソ情報戦」、中部大学編『ＡＲＥＮＡ』第二〇号、二〇一七年、一一五頁。

第二章　日本共産党と朝鮮労働党の共謀

極東コミンフォルムの設立準備

二・一ゼネストが中止された七カ月後の一九四七年九月、スターリン率いるソ連主導で「コミンフォルム」（共産党・労働者党情報局）が結成された。コミンフォルムはコミンテルンと同様、国際共産主義運動の司令塔である。

ソ連が一九四六年秋からトルコとギリシャに対する攻勢を強め、トルコへのソ連基地設置や領土の割譲を要求したほか、ギリシャでは共産党による内戦を激化させた。このため、アメリカ側も一九四七年三月にトルーマン・ドクトリンを宣言し、ソ連・共産主義に反対する対外政策を明示した。

そして六月、マーシャル・プランを発表して、戦争で疲弊したヨーロッパへの経済支援を強化していった。ヨーロッパでは、物資不足と生活困窮から労働組合や共産党に同調する空気が強まっていたことから、トルーマン政権としては大規模な経済支援を実施し、これ以上、ヨーロッパで共産主義が蔓延《まんえん》することを防ごうとしたのだ。

第二次世界大戦の後半、アメリカとソ連は同盟国であった。このためアメリカは、ソ連を全力で支持した。戦争が終わって二年、ようやくトルーマン政権は戦時中から続いていた対ソ宥和《ゆうわ》政策を転換し、ソ連・共産主義の対外工作に対抗する国家意思を示したわけだ。
これに対してソ連もコミンフォルムを設置し、自由主義陣営に対する工作を強化していく。

時系列を示すと、次のようになる。

一九四五年八月、第二次世界大戦終結
一九四七年三月、トルーマン・ドクトリン
　　　　　九月、コミンフォルム結成

アジアにおいても、中国共産党、日本共産党、朝鮮労働党の連携が、欧州のコミンフォルム創設と並行して動きはじめていた。

以下、樋口恒晴・常磐大学教授の「戦後日本が受けた共産勢力の『侵略』」（『正論』平成二六年六月号）、荒木義修・武蔵野大学教授の『占領期における共産主義運動』、および和田春樹教授の『歴史としての野坂参三』の記述を中心に、極東コミンフォルム創設と、それを拠点とした対アジア革命工作の流れを追っていこう。

一九四七年五月、中国共産党、日本共産党、朝鮮労働党が集まり、中国のハルビンで「東方解放大同盟」会議を開催した。主席は中国共産党の朱徳、次席は日本共産党の野坂参三である。

この「東方解放大同盟」会議は一九四七年十一月（ウラジオストクおよびハルビン）と一九四八年一月、ハルビンでも開催され、中国、日本、朝鮮の各共産党による共闘が改めて指示された[1]。

一九四七年十二月十七日付のＣＩＳ（民間諜報局）レポート「日本共産党とコミンフォルム」によると、一九四七年十一月二十日から十二月初めまで、極東版コミンフォルム設立準備会議が開かれている。

荒木教授によると、このＣＩＳレポートには、日本共産党が十一月二十七日に最高幹部会議を開き、極東コミンフォルムへの参加をめぐって議論したことが記録されている[2]。

荒木教授が志賀義雄にインタビューしたところによれば、毛沢東が日本共産党の参加を呼びかけてきた。一九四八年一月五日付の『アカハタ』も次のように報じている。

《「一二月二十五日開かれた中共中央委員会で『現情勢とわれわれの任務』と題する一万語

にのぼる一般報告を行ったが、一日の中共放送によれば毛主席はその報告の中でハルビンで結成大会が行われたといわれる極東共産党情報局の樹立問題に言及『極東各国人民を解放運動に協力せしめるためには極東共産党情報局の設立がのぞましい』と極東共産党情報局設立の要を解《ママ》いた』》[3]

柴山太・関西学院大学教授は、このＣＩＳ報告書を踏まえ、日本共産党は党内に「国際準備委員会」と「コミンフォルム準備委員会」の設立準備を行っており、日本共産党からコミンフォルムへの連絡経路を作ろうとしていたと指摘している。

報告書が予想した連絡経路は、日本共産党―日本共産党朝鮮人フラクション―ソウル特殊無線―朝鮮共産党―極東コミンフォルムである[4]。つまり、日本共産党は、朝鮮共産党を経由して極東コミンフォルムの指示を受けていたことになる。

また米軍のＧ２は「日本共産党命令第七号」を入手しており、その内容は日本共産党がコミンフォルムの方針に従うことを示していた。「ソ連の世界政策実現のために、コミンフォルムによる欧州での反マーシャル・プラン闘争を支援し、日本共産党が『極東コミンフォルム』の指導を受けて、極東で陽動作戦を行う」という指令である[5]。

ソ連によるヨーロッパ「共産化」工作を支援するため、日本共産党は極東、つまり日本で暴れて、アメリカの注意を極東に引き付けよ、というのだ。

柴山教授によると、実は極東コミンフォルムの存在は研究者のあいだでは確認されておらず、設立準備会は行われたものの、結局設立されることはなかったらしいという[6]。

だが、志賀義雄は荒木教授のインタビューに答えて、日本共産党から千島列島の最北端の幌筵島（パラムシル島）を経由し、カムチャッカ半島を通ってモスクワに達する連絡ルートが存在したと語っている。

また、荒木教授によれば、東側資料の裏付けがなく確証はないものの、日本共産党が中国・北朝鮮・その他の外国の共産党と連絡を維持するための秘密機関として北海道に「国際連絡局」を設置し、表向きは日本共産党北海道拡大地方委員会書記局という名で活動していたという米国極東軍の記録があるという。

一九四八年十月三十一日付読売新聞も、次のように報じている[7]。

《日本人の『不法引揚者』が千島や樺太から北海道に潜入しコミンフォルムのために活動している、これらの人物で北海道に活躍しているものは約二十名といわれ、それぞれ各地方支

部に属しているが日本共産党には正式入党せず、所属支部のための独自の活動を行っている》

占領下ではあったが、日本政府もこうした動きに警戒を強め、GHQに警告を発していた。内務省も軍も解体されたが、それでも日本政府は、インテリジェンスの戦いを続けていたのだ。

《（一九四七年）九月二十九日、河崎横浜終戦連絡事務局次長は第八軍司令部のビーズレー准将に、「北海道の共産分子は米ソ開戦の公算が極めて大きいことを強調し、その場合北海道がソ連に占領される可能性の多いことを北海道の純真な青年に信じ込ませると共に、同道は独立して共和国を建設すべきであると主張している。斯かる宣伝も再三再四くり返して行うときは相当効果のあることはヒトラー・ドイツの例を見ても明らかである」と伝えている》[8]

朝鮮半島で頻発していたゼネスト・暴動・反乱

一方、終戦後、日本だけでなく、米軍占領下の朝鮮半島でもゼネストや暴動が頻発していた。

ここで終戦後の朝鮮半島の動向について振り返っておきたい。

一九四五年二月、ソ連領ヤルタで開催されたヤルタ会談において連合国首脳は戦後、日本領であった朝鮮半島を米・英・中・ソ四国による信託統治下に置くことを決定し、ヤルタ会談と米軍との秘密協定に基づいてソ連軍は八月九日の対日参戦後、直ちに朝鮮半島へ侵攻を開始する。一九四五年八月十四日、日本がポツダム宣言を受諾し、朝鮮半島は日本から切り離されることになった。

その後、朝鮮半島は北緯三十八度以北（北朝鮮）をソ連軍に、以南（南朝鮮）を米軍にそれぞれ占領された。米軍は九月七日に朝鮮における軍政実施を宣言した。連合国は一九四五年十二月、モスクワ三国外相会議において朝鮮半島の信託統治を決定したが、暴動が相次ぎ内乱状態に陥っていく。

一九四六年には、七月に全羅南道・北道にまたがる農民暴動、九月には朴憲永が戦後に組織した朝鮮共産党の指導によるゼネストを経て、大邱で大暴動が発生している。暴動参加者三百万人、検挙者四千四百六十五名に達し、首謀者十名が処刑された。米軍は強権発動してゼネストを抑え込み、朴憲永は北に逃亡する。

翌一九四七年七月に米ソ対立もあって、朝鮮半島国連信託統治構想は頓挫してしまう。そこで米国は朝鮮問題を国連に持ち込み、国連は一九四七年十一月十四日に国連監視下で南北朝鮮総選挙と統一政府樹立を行うことを決定した。

翌一九四八年一月に、国連は国連朝鮮委員団（UNTCOK）を朝鮮へ派遣し、総選挙実施の可能性調査を行った。

ところが、ソ連がUNTCOKの入北、つまり北朝鮮への入国を拒否したため、国連は二月二十六日にUNTCOKが活動可能な南朝鮮単独での総選挙の実施を決定、五月十日に南部単独総選挙を実施した。

選挙によって成立した制憲議会は七月二十日、李承晩を大韓民国大統領に選出し、八月十五日、李承晩が大韓民国政府樹立を宣言した。この動きに対抗して九月九日、朝鮮半島北部では金日成の下で朝鮮民主主義人民共和国（北朝鮮）として独立を宣言した。

こうして朝鮮半島には、韓国と北朝鮮という二つの政権が誕生したのだが、韓国では、共産党系の暴動が相次ぐ。

南朝鮮での総選挙が実施された一九四八年二月、共産党系の南朝鮮労働党の指導により韓国各地で反米ゼネストが行われ、その際、北朝鮮から大量の朝鮮銀行券が持ち込まれ、暴動資金として使われた[9]。

四月三日には、済州島で大暴動が発生した。南朝鮮労働党済州島委員会軍事部長・金達三の指揮によるものだった。

十月十九日には麗水と順天（いずれも韓国全羅南道）で韓国軍の第十四連隊が叛乱、警官隊と衝突した。そのすさまじい惨状を十月二十六日のＡＰ電は次のように報じている。

《「順天、ＡＰ通信トム・ランバート特派員二十六日発――

流血に彩られた順天の町は、昨夜来、銃声以外には、暗黒と静寂だけの死の巷と化した。麗水で叛乱が起こってから二日の間、叛乱部隊は、殺人と残酷をもって順天を支配した。政府軍が奪回するまでに約六百名が殺されたといわれ、また叛乱部隊に加担していたという理由で、少なくとも二十二名が、政府軍および警察によって処断された。

韓国軍第十四連隊の軍事顧問ゴードン・Ｄ・モールと、スチュアート・グリーンバウム両中尉の語るところによれば、叛乱はこの数カ月間、共産系ゲリラ部隊が活動している済州島への移転命令に反対して、麗水に待機中の十四連隊の兵士がひき起こしたものだと語っている。

事件の二週間前に、第十四連隊所属の呉東起中佐が、共産活動の疑いで逮捕された事件があったが、この呉中佐により、同連隊の七五パーセントがオルグされたと信じられている。かつては、水田地帯の平和だった順天の町の道路には、殺害された人々の死体が横たわり、悲嘆にくれた女や子どもが、見失った父親や肉親を、死体につまずきながら探している。陽が暮れると、町にはまったく光が見えなくなり、順天は、当初報道されたより、はるかに惨憺たるものであった》[10]

日本敗戦後の朝鮮半島、特に韓国側では、それまで治安を担当していた日本の朝鮮総督府が解体された隙をつく格好で、共産党系が意図的に暴動を引き起こしていたのだ。

ＡＰ電はこう続ける。

《二十日の午前八時ごろであった。約二千名の兵士と四百名の警官や民衆からなる暴徒の一隊が、麗水からこの町に殺到したが、彼らは麗水で略奪した武器で武装していた。順天警察署は、午後四時ごろ、叛乱部隊に占領され、市内の抵抗はとまった。叛乱部隊鎮圧に向かった兵士も、寝返って彼らに合流した。

勢いづいた叛乱軍は、労働党旗を押し立て、示威行進を行った。労働党旗と朝鮮民主主義人民共和国の国旗は、順天市内の役所や主要建物の上に翻っていた。叛乱部隊は示威行進ののち、反左翼分子や警察官を処刑した。市民五百名、警官百名が殺された》[11]

日本の敗北と日本軍の撤退のあとの朝鮮半島に訪れたのは「韓国の独立と平和」などではなく、「朝鮮労働党、共産党系のテロと暴動」であったわけだ。

樋口教授は、一九四九年四月の済州島暴動と、十月の麗水・順天での韓国軍の叛乱、さらに、叛乱翌日に鎮圧軍の第四連隊の中隊が叛乱に合流したことなどは、前年一九四八年の秋に創設された極東コミンフォルムの指令によると指摘している[12]。

韓国では、きな臭い動きがさらに続いた。

麗水・順天叛乱の鎮圧が報道されてからわずか一週間後の一九四八年十一月二日、今度は大邱で韓国軍叛乱部隊の暴動が起きている。叛乱軍主力部隊は白雲山から智異山に入り、北朝鮮の人民遊撃隊と合流した。

韓国国防軍は大規模な粛軍を実施し、国防軍の一割にあたる八千名を共産主義者と断定したが、実はこの粛軍にあたった情報部員や憲兵のほとんどが、北朝鮮系だった。「共産主義者の追放」を実施した結果、北朝鮮系の幹部将校が韓国軍の主導権を握ることになったのだ。独立を宣言して間もない韓国軍の内部に、北朝鮮の工作員が多数入り込んでいたわけだ。粛軍におびえた部隊は北朝鮮に集団逃避し、アメリカが特訓して米国製の武器を与えた二個大隊のモデル部隊も北朝鮮に走った。

ジャーナリストの大森実は、大邱暴動のこの顛末《てんまつ》で韓国の指導者であった李承晩はアメリカの信用を失い、以後、アメリカが韓国軍に重武器を与えなくなったために、朝鮮戦争開戦時の韓国軍の装備はボロボロだったと指摘している[13]。

日本共産党と在日朝鮮人の共同行動による「暴動」事件

一方、朝鮮半島で暴動が相次いでいた一九四八年三月十八日、日本共産党中央委員会は指令七一号で、共産党と在日朝鮮人連盟の共同行動を指令した。

四月一日、神戸で朝鮮人による暴動が発生し、非常事態宣言が発令される事態になった。スターリン率いるソ連が、東欧やギリシャへの介入を強めているなか、米軍は韓国、そして日本で頻発するテロ、暴動への対応に振り回されることになった。

《四月一〇日、岸田幸雄兵庫県知事が文部省通達に基づき朝鮮人学校の閉鎖を命令したのち、在日朝鮮人側の反対にもかかわらず、神戸市長は二三日になって三校の朝鮮人学校に対する校舎返還執行を強行した。

このうち、西神戸朝鮮初等学校（神楽校）では、朝連（在日本朝鮮人連盟）代表と父兄が「執達吏ならびに立会弁護士に暴行を加えようとした」ため執行は行われず、その後「約一千名」の付近の在日朝鮮人が参集し、反対運動を継続すると気勢を上げたという。二四日、午前九時から、県庁知事室において、県、市、検察庁、警察の各首脳が朝鮮人学校問題での「合同協議」にはいっていた。

しかし、一〇時すぎ、知事らは、日本共産党兵庫地方委員堀川一知が在日朝鮮人数名とともに要求した会見を拒否し、さらに、朝連兵庫県本部神戸支部委員長金台三が求めた会見も拒否すると、金らは態度を急激に硬化した。「約百名」の左翼在日朝鮮人が集まり県庁知事室に乱入する一方、午後二時ごろには、県庁を「約五千人の朝鮮人が取りまいて喚声をあげ、解放歌を合唱し室内交渉委員を声援」するまでになった。

日本共産党の二十数名も「党旗」をおしたて、アジ演説を始めていたという。

午後五時すぎ、知事らはこれらの圧力に屈し、朝鮮人学校閉鎖命令を撤回し、検挙した県庁不退去容疑の被疑者も釈放すると約束した。結果として、左翼在日朝鮮人側はこれに納得し解散に応じた。日本の警察は、これらの展開に対してなすすべがなく、神戸は無政府化していた。

この騒乱に対して、米占領軍は二五日、占領期初の「非常事態宣言」を発し、神戸全市の警察官二五〇〇人を米軍憲兵司令官の指揮下に置く一方で、MP（米軍軍事警察）一〇〇〇人余を投入し、騒乱扇動者の一斉検挙に踏み切った。

さらに、二六日、アイケルバーガー自らが横浜から神戸に飛び、鎮圧の陣頭指揮を執っていた。『読売新聞』によれば、同日、彼は「共産党がこの一連の暴動を扇動しているとの確信を得た」と発言していた。結果として、MPと警察は二六日午後六時までに、朝連幹部と日本共産党員らを中心に一一七六名を検挙・連行した》[14]

暴動は間もなく大阪にも飛び火する。

大阪では約三万二千人の左翼在日朝鮮人が大阪府庁舎前のデモに参加し、警察は三千二百名の武装警官を含む「特別起動隊」を投入、消防署による放水と警察による二十発の警告射撃でデモ隊を解散させた。死傷者二十八名という激しい衝突だった[15]。

樋口教授は、一九四九年十一月十六日から二十三日にかけて北京で開催された、世界労働組合連合会（世界労連）執行局主催のアジア太平洋労働組合会議において、極東コミンフォルム設置が決定されたとしている[16]。

従って、一九四八年に韓国と朝鮮で相次いだ暴動や叛乱は極東コミンフォルムがまだ準備段階だった時期の事件ということになるのだが、それでもこれだけの深刻さである。

一九四九年十一月以降になると、極東コミンフォルムを通してさらに工作が激化していく。対日代表部に外交官を偽装して派遣されたソ連の工作員たちが、対ソ諜報協力を誓約した抑留帰還者たちへの働きかけを一気に拡大していくのも同時期だ。

「社会党潜入工作」と逆コース

日本共産党が、国内の混乱に乗じて一気に権力を握るためには、労働組合や社会党に呼応してもらう必要があった。

だが、当時の日本社会党や労働組合の大半は、共産党との連携を拒んでいた。正確にいえば、当時の社会党の右派は、共産党と厳しく対峙していたのだ。

このため、日本共産党は、労働組合に対する主導権を社会党から奪おうと、極めて厳しく社会党を批判した。機関紙『アカハタ』などで激烈に批判し、労働運動でも、労働者の生活改善のための地道な活動を重視する労組幹部らから労組の支配権を奪うために、総同盟系幹部とのあいだで激しい勢力争いを繰り広げていた。

共産党は、社会党左派に働きかけ、一九四七年の二・一ゼネストの前から何度か統一戦線の結成や社共両党の提携を図ったが、片山首相以下、社会党の側は共産党を警戒し、拒否しつづけていた。

そして一九四八年の年頭、片山首相はこう述べて公式に共産党との対決を声明する。

「わが国における社会民主主義とはいかなるものかを十分理解してもらいたい。近く成立せんとする保守新党は、反共を旗印としているというが、しかし共産主義に反対する直接の場面において最も鋭く対立するものは資本主義よりも社会民主主義である。理論的にも実際行動の上でも、社会民主主義は共産主義と戦っているのである」[17]

だが、それからわずか約一カ月後の二月五日、社会党左派の造反によって政府の補正予算案が否決され、二月十日、片山内閣は総辞職に追い込まれた。

この片山内閣打倒工作を担当した一人が、人民社の松本健二だった。

松本自身が『戦後日本革命の内幕』（亜紀書房、一九七三年）で詳しく語っているが、ここでは元共産党中央委員で財政部長だった亀山幸三の回想を紹介しておこう。亀山は次のように語っている。

《社会党への潜入工作は、党の最高の政治方針として徳田、野坂、伊藤ら政治局の直接指導のもとに行われた。伊藤律が白羽の矢を立てたのは、松本健二といって、戦前は全協の活動をやり、警察テロにも屈せず闘った、すぐれた同志であった。彼は、敗戦直後から佐和慶太郎らの人民社で活動し、共産党に入党していた。

工作使命をさずけられた松本は、すぐ社会党に入党し、左派の同志的な結合体である五月会の事務局長となった。片山内閣は、結局、五月会の反乱によって予算委員会の採決に敗れ、退陣するのだから、松本の果たした役割の大きさはわかろうというものだ。彼は片山内閣がつぶれて芦田内閣が生まれたさい、左派の加藤勘十が入閣して五月会が分裂すると、こんどは社会党を割って出た容共派のつくった労農党の事務局長におさまる。そしてたえず（伊藤）律や徳田とも連絡しながら動くのである》18

片山内閣に代わって三月十日に成立した芦田内閣も、共産党主導のストライキに苦しめられることになった。

二月二十五日に大阪中央郵便局から始まった全逓のストライキは、地域ごとの闘争を装って事実上のゼネストを目指すもので、共産党が指導していた。

三月一日には大阪の五十九支部がストライキに突入して新聞関係の電話回線を切断、三月五日には和歌山、奈良、仙台、福島、青森、香川がスト突入する。

さらに三月十五日には、財務局の労組「全財」の現業部門が二十四時間ストライキに入ったのと並行して、非現業部門の職員五万人が一斉に休暇を取る「賜暇《しか》闘争」を実行したため、年度末の徴税業務が行えなくなった。徴税ができなければ国家の歳入が断たれるのだから、国家の存立を揺るがしかねない深刻な事態である。

全逓のストライキはさらに広がっていく。

東京、札幌、福岡でストライキ突入と同時に新聞電話回線が切断された。関係した組合員はMP（米軍の憲兵）に逮捕され、軍事裁判で重労働の判決を受けている。

四月には、東宝映画で争議が始まった。産別会議に参加している共産党系の第一組合と会社側とが激しく対立し、八月には遂に武装警官隊と米軍の第一騎兵師団一個小隊五十人と戦車四台が出動する事態になった。「来なかったのは軍艦だけ」といわれた激突であった[19]。

こうした事態のなかで、七月三十一日には芦田均「民主党・日本社会党・国民協同党連立政権」の手で政令二〇一号が公布され、公務員の争議行為が禁止される。労働組合に好意的であったGSのニューディーラーたちも、相次ぐストライキをさすがに擁護できなくなってきたのだ。

この当時、ワシントンでも対日政策が大きく転換しつつあった。「対日政策を経済復興重視の方向に転換するべきだ」とする覚書を一九四七年十月に提出していた米国務省のジョージ・ケナンは一九四八年二月に来日し、財閥解体や公職追放など、ニューディーラーらの占領政策による日本の弱体化の現状を目の当たりにする。

そして十月九日に開催された、トルーマン政権の国家戦略を定める国家安全保障会議(National Security Council、略称NSC)においてケナンの献策がNSC13/2という政策文書として公式に採用された。

NSC13/2は、今後日本とのあいだで結ぶべき講和条約の性質について、「最終的に取り決められる条約は、できるかぎり簡潔で、一般的で、非懲罰的なものとすることをわれわれの目的とすべきである」という基本方針を掲げた。

講和後の日本が政治的・経済的に自立することを目指し、「アメリカの安全保障上の利益を除いては、経済復興が今後のアメリカの対日政策の主要目標とされるべきである」と強調した。そして、公職追放や東京裁判は早期に終了するべきだとした[20]。いわゆる「逆コース」である。

以後、トルーマン民主党政権の対日占領政策は、経済復興を目指す方向へと切り替わっていく。

平和革命路線に自信を深める共産党

一方、一九四八年十月七日、芦田均「民主党・日本社会党・国民協同党」三党連立内閣は、六月に発覚した昭和電工疑獄を理由に総辞職した。

芦田内閣が倒れたあと、政権は野党第一党（民主自由党）の吉田茂に回り、選挙管理内閣である第二次吉田内閣が成立する。

そして翌一九四九年一月二十三日の総選挙では、汚職で退陣した日本社会党などに代わって日本共産党が大躍進を遂げ、三十五議席を獲得する（第一党は吉田茂の民主自由党で、第三次吉田内閣が成立）。

一方、GHQの内部ではニューディーラーの勢力が後退し、G2（参謀第二部）の発言力が増したことで、GHQと共産党との関係は対立的なものになっていったが、共産党は民主民族戦線で間接的に反米を煽りながらも、GHQとの直接対決は避けていた。

トルーマン政権とGHQの対日政策が変化していたにもかかわらず、一九四九年に入って日本共産党は、選挙による「平和的」な人民内閣の成立を目指す「平和革命路線」にますます自信を深めていた。

背景には、一九四八年四月ごろから一九四九年一月にかけて中国大陸での蔣介石率いる中国国民党と、毛沢東率いる中国共産党による内戦、いわゆる国共内戦で中国共産党軍が大攻勢に転じ、中国共産党の勝利がほぼ見えてきたことがあった。

中国大陸で中国共産党が勝利すれば、共産革命の炎は一気に日本列島に飛んでくる。

野坂参三は一九四八年十一月七日、ロシア革命三十一周年記念講演会で国際的な対日管理グループに中国共産党が参加する可能性を指摘している。

実際に中国共産党の毛沢東は、論説「日本の総選挙と中国」で、「新しい人民の中国は日本管理に参加するだろう」と書いた。一九四九年一月二十二日付『アカハタ』はこの論説の一部を掲載、翌日（総選挙投票日当日）の一月二十三日付には全文を掲載した。

毛沢東の論説を受けて、一月二十五日付『アカハタ』は、主張「中国人民の勝利」で、「新しい中国は日本管理に参加することによって、ポツダム宣言にしたがって日本の民主勢力を助け、反動勢力の復活を制止しようとしているのである」と書いた。

さらに一九四九年三月一日付の日本共産党の機関誌『前衛』第三六号（発禁処分）では、今元寿が書いた「統一中国の展望」という論文に、「連合政府がこれ（対日理事会）に加われば、日本管理政策に対する正しい主張を支持し、国内的な民主政権の助成と、対外的に講和会議の促進が図られる」というくだりがあった。

日本の対日理事会に中国共産党が参加すれば、GHQの占領政策を上からコントロールすることができ、その下で日本共産党が政権を奪取できると期待したわけだ[21]。

中国大陸での中国共産党軍の勝利がほぼ決まった一九四九年、世界は共産化に向かっていると「誤解」した日本共産党は、労働争議やデモなど大衆運動を激化させ、吉田茂内閣に揺さぶりをかけつづけた。

三月十五日には、大学生による学生運動組織「全学連（全日本学生自治会総連合）」と産別会議が東京で「生活権擁護人民大会」を主催し、五万人を動員した。

三月二十六日には野坂参三らの指導により、政府退陣要求デモが起きている。四月二日、京都大学の学生三百名が総長を監禁して警官隊と衝突、第二十回メーデーの中央メーデーは皇居前広場に五十二万人を動員し、ソ連代表のデレビャンコが来賓として出席した。

四月四日に、共産党系の団体を規制することを目的として公布即日施行された「団体等規制令」に基づき、東京都が大衆運動に対する公安条例を制定しようとすると、共産党が群衆を煽動して都議会に押し寄せ、警官隊と衝突して死者が出ている。

国鉄争議も暴動化し、人民電車事件、広島日鋼争議など、暴力事件が頻発するなか、一九四九年九月に日本共産党を中心にした人民政府が実現するという「九月革命説」が、まことしやかにささやかれはじめた。

《二月には早くも「民主人民政権は現実の課題」となったとして政権闘争への呼び掛けが語られ、六月には「共産党・労農党・社会党や労働組合など大衆団体の代表によってつくられる人民政府」の樹立が訴えられる。しかも、人民政府の樹立を九月に吉田内閣を打倒した後に実現するとしたことから、「九月革命説」と呼ばれることになった。全国の労働組合は次

第に「九月革命説」という白昼夢にとりつかれ、革命夢遊病が広がっていく》[22]

ところが、日本共産党による「平和革命」路線は、思いもかけない形で頓挫する。スターリン率いるソ連が、日本共産党に対して「武力革命」を指示したのだ。

【注】

1　樋口恒晴「戦後日本が受けた共産勢力の『侵略』」、『正論』平成二十六年六月号、七七頁。
2　荒木義修『占領期における共産主義運動』、芦書房、一九九三年、一八五頁。
3　荒木義修『占領期における共産主義運動』、芦書房、一九九三年、一八五頁。
4　柴山太『日本再軍備への道』、ミネルヴァ書房、二〇一〇年、九三頁。
5　柴山太『日本再軍備への道』、ミネルヴァ書房、二〇一〇年、九三～九四頁。
6　柴山太『日本再軍備への道』、ミネルヴァ書房、二〇一〇年、九二頁。
7　荒木義修『占領期における共産主義運動』、芦書房、一九九三年、一八七頁。
8　秦郁彦『史録日本再軍備』、文藝春秋、一九七六年、九七～九八頁。
9　大森実『戦後秘史8　朝鮮の戦火』、講談社、一九七六年、五二～五三頁。
10　大森実『戦後秘史8　朝鮮の戦火』、講談社、一九七六年、五四～五六頁。
11　大森実『戦後秘史8　朝鮮の戦火』、講談社、一九七六年、五四～五六頁。
12　樋口恒晴「戦後日本が受けた共産勢力の『侵略』」、『正論』二〇一四年六月号、七七頁。

13 大森実『戦後秘史8　朝鮮の戦火』、講談社、一九七六年、五七～五八頁。
14 柴山太『日本再軍備への道』、ミネルヴァ書房、二〇一〇年、九七～九八頁。
15 柴山太『日本再軍備への道』、ミネルヴァ書房、二〇一〇年、九九～一〇〇頁。
16 樋口恒晴「戦後日本が受けた共産勢力の『侵略』」、『正論』二〇一四年六月号、七八～七九頁。
17 日刊労働通信社編『戦後日本共産主義運動』、日刊労働通信社、一九五五年、一八二頁。
18 亀山幸三『戦後日本共産党の二重帳簿』、現代評論社、一九七八年、五七頁。
19 ものがたり戦後労働運動史刊行委員会編『ものがたり戦後労働運動史Ⅱ』、第一書林、一九九七年、一二六～一三一頁。
20 国立国会図書館ホームページ、史料にみる日本の近代、Recommendations with Respect to U.S. Policy toward Japan（NSC13/2）、http://www.ndl.go.jp/modern/img_t/M008/M008-002txja.html（二〇一九年七月五日取得）。
21 荒木義修『占領期における共産主義運動』、芦書房、一九九三年、一九八頁。
22 兵本達吉『日本共産党の戦後秘史』、産経新聞出版、二〇〇五年、六七～六八頁。

第三章　革命の司令塔・極東コミンフォルム

本格稼働する極東コミンフォルム

一九四九年の夏以降、世界情勢は、劇的に変化していった。

ソ連の初の「原爆」（核兵器）実験成功（八月二十九日）と中華人民共和国樹立（十月一日）、そして東ドイツの成立（十月七日）は、スターリンと毛沢東、そして世界の共産主義者たちに「共産主義の時代が到来した」という強い自信を与えることになる。

ソ連は一九四七年に、アメリカ主導のヨーロッパ復興計画「マーシャル・プラン」に参加しようとしたチェコスロバキアとポーランドを叩き、一九四八年にはチェコスロバキアで反共勢力を排除し、ルーマニアを固め、一九四九年十月には東ドイツを成立させて、中・東欧諸国に対する「敗戦革命」工作は一段落する。

時系列を示すと、次のようになる。

一九四七年三月、トルーマン・ドクトリン
　　　　　九月、コミンフォルム結成
一九四九年八月、ソ連、原爆実験成功

十月、中国共産党政府樹立

そしてソ連は一九四九年後半から、極東コミンフォルムを拠点とし、中国共産党や朝鮮労働党と連動しながら、来るべき朝鮮戦争に備えた後方攪乱戦《こうほうかくらんせん》を日本にも仕掛けたのだ。

その氷山の一角が発覚している。

一九四九年八月、コミンフォルムの工作員・岩村吉松こと許吉松が、来るべき朝鮮戦争に備えて、日本に密入国した事件だ（一九五〇年九月九日逮捕）。百人ものスパイ網を運営して軍事情報を収集し、極東コミンフォルムと連絡していたという大規模なスパイ事件である。概要は以下のようだった。

《第一次朝鮮スパイ事件　昭和二五年九月九日　警視庁等検挙

この事件は、島根県隠岐島から密入国した北朝鮮工作員　岩村吉松こと許 吉松（当時三七歳）が、北朝鮮工作員多数を擁する在日スパイ網の首魁として、工作員の獲得工作、在日スパイ網の統合掌握、極東コミンフォルムとの秘密連絡、米駐留軍や警察予備隊の軍事情報の収集等を行っていたスパイ事件である。

許吉松は、昭和二四年八月、北朝鮮工作員二人とともに、

○　終戦後の我が国の軍事基地の調査

○　米駐留軍及び日本警察の配置、装備等に関する情報収集

○　工作員要員となる在日朝鮮人の北朝鮮への送り込み

などの任務を帯びて、隠岐島から密入国した。

密入国後、既に我が国に潜入していた北朝鮮工作員や在日朝鮮人を統合し、東京を中心に全国の米駐留軍基地周辺に有力な工作員を獲得して配置し、一〇〇人近い軍事スパイ網の中核となって米駐留軍の軍事情報を収集していた。昭和二五年六月二五日、朝鮮戦争が勃発するや、軍事スパイ網としての活動を本格化し、

○　米駐留軍部隊の動向

○　軍事物資の輸送状況

○　警察予備隊の配置、装備、編成等

の軍事情報を収集して北朝鮮に報告していた。

警視庁等は、昭和二五年九月九日、許吉松を逮捕するとともに、その後昭和二六年九月までの間に四〇人を逮捕するに至り、許吉松は、昭和二六年七月一一日、ＧＨＱ軍事裁判にお

いて、占領軍の安全に有害なる行為（勅令第三一一号）で懲役一〇年、罰金五〇〇〇ドルの判決を受けた》[1]

ちなみに一九四九年九月、こうした動きを知ったGHQは、在日朝鮮人連盟など四団体に対して解散命令を出している。米軍や警察に対するスパイ工作に協力していた嫌疑からであった。

その一方で、中華人民共和国、つまり中国共産党政府樹立宣言から間もない一九四九年十月十日、日本国内では、日中友好協会の準備会が発足した。以降、中国共産党の対日工作も活発になっていく。

「人民解放軍」方式を強調する劉少奇テーゼ

中国共産党政府が樹立された直後の十一月十六日から二十三日には、共産党系の世界労働組合連合会執行部主催の「アジア太平洋労働組合会議」が開催され、日本、朝鮮半島などを対象にした共産化工作の司令塔である「極東コミンフォルム」の設置が決定された。

この席上で、国共内戦で勝利を勝ち取った中国共産党幹部の劉少奇が、次のような重要な発言をしている。

《「植民地・半植民地の帝国主義者は、完全に武装した匪賊であって、かれらはその支配地域の人民を支配するために強力な兵力をもっている。

われわれは、この兵力を過小評価してはならない。

このような地域においては、労働者階級と被圧迫人民が、上述の方法（労働者階級と共産党に指導された反帝国主義民族統一戦線と共産党の指導する民族解放軍の創設、大衆闘争と軍事行動の結合）以外のもっと容易な、らくな方法で帝国主義者とその手先きの弾圧を打倒し、人民民主主義国家を樹立することはできない。……大部分の植民地・半植民地においては、民族解放闘争の主要な闘争形態は武力闘争である」

「植民地・半植民地の民族解放運動の指導者は、プロレタリア階級とその政党である共産党でなければならない」》[2]

劉少奇はこの会議で、毛沢東型の「農村が都市を包囲する遊撃戦」、つまり「農村を根拠地とした武装闘争を発展させ、次第に都市へと浸透させ、蜂起をはかる」闘争によってアジア太平洋の「植民地・半植民地」の被圧迫人民を解放せよ、という「劉少奇テーゼ」を主張した。武装闘争によって共産革命を実現する暴力革命をアジア・太平洋地域に展開するという宣言だ。

この劉少奇テーゼは翌一九五〇年一月一日のソ連の機関紙『プラウダ』に掲載された。つまり、ソ連が、劉少奇テーゼを承認したことを意味する。

このテーゼにおいて、日本もアメリカの植民地とみなされ、暴力革命によって「解放」されるべき被圧迫民族に分類された[3]。これまで日本共産党が進めてきた、アメリカＧＨＱと連携して合法的に共産党政権を樹立する「平和革命」は否定されたわけだ。

構図を示すと、次のようになる。

敗戦革命
↓
平和革命（野坂参三提唱）
↓
暴力革命（武力革命ともいう）

この「劉少奇テーゼ」を受けて一九四九年十二月十六日、駐日ソ連代表部のなかのG局という組織が日本共産党に「革命闘争指令一号」を発した。

G局とは、GSに当時勤務していた日系二世のアメリカ人、内山幹夫氏が作成した一九五〇年四月二十四日付記録用覚え書によると、「日本共産党の幹部役員に指令を与え、通信連絡をとりながら党の政策、活動を指導」する組織である。

「革命闘争指令一号」は武装蜂起の準備を命じる内容だ。一部を抜粋して紹介しよう。

《革命闘争指令一号

一九四九年十二月十六日　日本共産党政治局員、革命オルグへ

一九四九年九月二十四日、われわれに報告された日本の革命方式に関して、極東コミンフォルム形成のための協定委員会戦術部門から変更指令を受けた。

それに従ってG局は、日本共産党政治局員、革命オルグに、別添文書に述べられていることを確認するよう要望する。

革命闘争指令の手配……

2　革命機関の任務

革命闘争は、強力に行われなければならない。この目的のため、ただちに革命機関に、日常闘争組織を割り当てる準備を行うことが必要である。……

b　革命機関が設立されるところの日常闘争組織は、二つの秘密集合場所を確保する計画を立てる。少なくとも二十人の人間が、十日間もちこたえられる食糧を秘密集合場所に保管する。特別行動隊と行動隊用は含まない。

3　革命オルグ（革命機関に対する党員の割り当て）……

a　秘密地下革命オルグは、最高革命本部の指揮のもとに結成する。

b　第一次の革命が失敗した場合、第二次革命の闘争が、革命オルグによって着手される》[4]

指揮系統をどうするか。日本をどのようなブロックに分け、各ブロックを誰が統括するか。資金をどうするか。連絡系統をどうするか。「革命闘争指令一号」の文書には図解入りで詳細に示されている。

ソ連は本気で、日本国内において武装闘争の準備にとりかかるよう、日本共産党に指令を出したわけだ。

コミンフォルム批判と「所感派」「国際派」の対立

一九五〇年一月六日、コミンフォルム機関紙『恒久平和と人民民主主義のために』が「日本の情勢について」という記事を発表した。

著者名は「オブザーバー」となっていたが、書いたのはスターリンである。記事は、「日本共産党の指導者野坂の理論は、米英帝国主義を賛美し、これに奉仕せんとするものであって、マルクス・レーニン主義とは縁もゆかりもないものである」と、野坂参三の「平和革命論」を激烈に批判するものだった[5]。

世にいう「コミンフォルム批判」である。

それまで、日本共産党は建前上、ソ連とのつながりを持っていないことになっていた。

ソ連はそんな偽装をかなぐり捨てて、「米軍の占領下での平和革命」などという、ぬるいことをいうのはこれ以上許さないと叱責したのである。

和田教授は「これは野坂に対するスターリンの死刑宣告であったと言ってよい。これはチトーに対する断罪につぐものであった。もしもソ連の権力のもとに野坂がいれば、逮捕、処刑は当然であったろう」と論評しているが[6]、そのとおりだろう。

日本共産党の徳田球一らは当初、この記事に対して「党の結束をかきみだそうとする明らかな敵の挑発行為である」と声明していた。つまり、デマだと決めつけていたのだった。

ところが、同記事がソ連の機関紙『プラウダ』紙に転載されると急遽、「『日本情勢について』にかんする所感」を発表した。一月十二日のことだった。


《徳田球一書記長ら指導部は、……コミンフォルムの指摘する野坂論文の解放軍規定や「平和革命論」は不十分であり、欠陥を含んでいることは認める。しかし、それらは既においては克服されている。

日本の党が置かれている条件の下では占領軍や占領政策に対する批判が許されず、「奴隷の言葉」を使わざるを得ないのである。このような現実を無視して、諸外国の同志が日本の党を批判することは、党と人民に重大な損害をもたらす――と主張した》[7]

このように、コミンフォルム批判に反論した野坂や徳田ら日本共産党指導部に対し、宮本顕治と志賀義雄は、「コミンフォルム批判に従うべきだ」と主張し、徳田らを批判した。

野坂や徳田らは「所感派」、宮本や志賀らは「国際派」と呼ばれた。

党内で主流派である所感派と、少数派の国際派の対立が高まるなか、一九五〇年一月十七日、中国共産党が機関紙『人民日報』に掲載した「日本人民の道」と題した社説で、コミンフォルムによる日本共産党批判を支持した。

社説は、野坂らの所感について「誤りは既に克服されているゆえに、このコミンフォルムの結論に不同意であるとするが、それらの理解と態度は正しくなく、妥当ではない」と批判し、「今日の日本のようにアメリカ帝国主義の支配下で、勤労人民を獲得するのは、ただ一つ、重大な革命的闘争によってのみ成しうる」と述べたのである[8]。

中国共産党もまた、スターリンの武力革命路線を支持したわけだ。

これを受けて徳田は一月十九日に「所感」を撤回し、野坂も二月六日に自己批判した。日本共産党は、スターリンの指示に全面的に従うことにしたのだ。

その間、日本共産党はG局に対し、日本におけるＮＫＶＤの組織について質問を送ったが、G局は一月二十二日、次のように回答している。

《G指令第八十八号　一九五〇年一月二十二日
件名　日本共産党地方委員会会議への回答
G局は、日本におけるNKVDの組織に関する一九五〇年一月二十一日に受け取った質問に回答する立場にはない。
日本におけるNKVDは、極東コミンフォルムによりG機関に割り当てられた仕事にもとづいた機関で、G局は日本共産党にNKVDの組織とか活動について知らせる義務はない》[9]

余計なことを聞くな、黙ってソ連の指示に従えというわけで、日本共産党が単なるソ連の手先だったことがよくわかる。

日本共産党に矢継ぎ早に出された武装闘争準備指令

ソ連による武力革命の指示に即座に反応したのが、北朝鮮であった。

和田春樹教授は、北朝鮮の金日成や朴憲永がコミンフォルムによる「平和革命」批判、つまり武力革命路線に即座に反応したと指摘する。

《日本共産党に対するコミンフォルム批判にいちはやく反応したのは北朝鮮の指導者金日成と朴憲永たちであった。

一月十七日朴憲永外相は中国大使として赴任する李周淵のために送別の昼食会を開いた。それに出席した金日成は南朝鮮に対する武力統一行動の願望をソ連大使と公使らに表明し、その許可をうるためにスターリンとの会見を求めた。

前年四九年には、ソ連側が一貫してこの構想に反対していたのだが、ここにおいて金日成が彼の願望を熱烈に表明したについては、コミンフォルム批判のニュースが彼にソ連のアジア政策の変化を確信させたという事情があったものと考えられる。

というのは彼はもしもスターリンに会えれば、帰国後に毛沢東と会うように努力すると述べ、毛沢東とは他にも話したい問題がある、「とくにコミンフォルム東洋ビューロー創設の可能性という問題」を話したいと付け加えたからである。この言葉は金日成がコミンフォルム批判にとくに注目していることをはっきりと示している。

スターリンは一月三〇日に金日成らの訪ソを受け入れると回答して、金日成らを喜ばせた。日本に対して戦闘的な方針を打ちだしたスターリンは朝鮮においても革命的＝軍事的な統一方針に支持を与える方向へ向かいはじめたのであった》[10]

スターリンが日本共産党に対して武力革命を指示したことを受けて、南北に分かれていた朝鮮半島では、北朝鮮の金日成が韓国に対する武力攻撃と南北統一をスターリンに「許可」してもらおうと動きはじめたわけだ。

日本共産党に対して武力革命を指示するのなら、韓国に対する武力革命、つまり韓国への侵略もスターリンは認めるのではないかと、金日成は考えたのだ。

ソ連のスターリン、中国共産党、日本共産党、そして北朝鮮の金日成は水面下で連動していたのだ。こうした共産主義の国際ネットワークの存在を抜きにして国際政治を語ることはできない。

このころから中ソ両国の連携と、極東コミンフォルムの組織の整備が進み、日本共産党に対する指令が矢継ぎ早に出されている。

時系列で示すと以下のようになる。

一、一九五〇年一月二十七日　コミンフォルム機関紙『恒久平和と人民民主主義のために』はコミンフォルムの名で武装闘争を提唱。

「民族解放闘争に勝利するための決定的な条件は、必要な国内の条件がゆるすときには、共産党の指導のもとに、人民解放軍を組織することである……いまや武装闘争が多くの植民地および従属国における民族解放運動の主要な形態となりつつある」[11]

二、一九五〇年二月十日　毛沢東が訪ソし、ソ連と中華人民共和国が友好同盟相互援助条約および付属協定を締結[12]。

三、一九五〇年二月十六日　駐日ソ連代表部G局とアジア書記局革命戦線統一委員会（劉少奇）が、日本共産党に対して革命準備の指令を合同で通告[13]。

四、一九五〇年二月二十四日（二十五日まで）　中日戦線準備委員会の第一回会合を神奈川県・仙石原の革新倶楽部で開催。次の組織の代表者が出席[14]。

a　在日華僑民主促進会
b　在日華僑親睦会
c　日本共産党政治局

d　朝連（在日本朝鮮人連盟）元会員

五、一九五〇年二月二十八日　中日戦線準備委員会（二十四日から二十五日）の決定に従い、中日協力の統一を達成するため日中友好協会を利用することを決定[15]。

六、一九五〇年二月二十八日　駐日ソ連代表部G局、日本共産党の野坂参三、徳田球一、宮本顕治、志田重男、亀山幸三、椎野悦郎、紺野与次郎を召喚し、秘密の資金局設立と地下オルグ活動について指令した。資金局本部長は李平凡で、資金局本部は台湾台北市博愛路四九に置かれた[16]。

三から六までの情報は、『週刊サンケイ』一九七七年四月二十五日号「日本共産党の革命指令」がスクープした米国公文書「日本共産党と駐日ソビエト代表部との関係について」（一九五〇年四月二十四日付記録用覚え書）に基づいている[17]。

五について付け加えておくと、日中友好協会の内部に共産主義者のフラクション（工作員組織）「中国・日本共産主義者連合」が結成された。

常盤大学の樋口恒晴教授は、一九四九年十一月の極東コミンフォルム初期の時点で以下の（1）のようだった指揮系統が、一九五〇年二月以降（2）のように変わったと分析している。

（1）全ソ連労働組合中央理事会（リノヴィエフ）↓「極東コミンフォルム」アジア太平洋地域労働者会議北京事務局（劉少奇）↓革命統一戦線委員会（劉少奇）↓対日理事会ソ連代表部G局（デレヴャンコ）↓ソ連内務人民部（NKVD）の部隊

↓

（2）全ソ連労働組合中央理事会（リノヴィエフ）↓「極東コミンフォルム」アジア太平洋地域労働者会議北京事務局（劉少奇）↓革命統一戦線委員会（劉少奇）↓対日理事会ソ連代表部G局（デレヴャンコ）↓中国・日本共産主義者連合（李平凡）

一九五〇年二月以降、対日理事会ソ連代表部G局の下に、日中友好協会内の秘密フラクション「中国・日本共産主義者連合」が入ったのである。

樋口教授は、「日中友好協会の正式な設立大会開催が同年九月三〇日から十月一日にかけてだから、秘密フラク結成のほうが先だ。まさしく、『中国・日本共産主義者連合』こそが『友好』を謳う組織の本体であり、日中友好協会はそのフロント組織として作られたことがわかる」と指摘する[18]。

この指摘が事実だとするならば、日中友好協会は出自からしてバリバリの工作機関だったということになる。

レッド・パージ、そして地下活動に入る共産党指導部

一九五〇年四月七日、在日朝鮮人解放救援会、女性同盟、学生同盟など一千人が東京・皇居前広場で、「おれたちの兄弟を殺す武器の南鮮輸出反対」「人民軍と戦争させるための南鮮強制送還反対」を訴えてデモを行った[19]。

北朝鮮が韓国「侵略」を目論んでいる以上、アメリカが韓国に武器や弾薬を渡すのは困るのだ。

五月十六日には都学連、青年祖国戦線、朝鮮学生同盟が反帝（帝国主義、つまりアメリカ反対）デモを実施している[20]。

背景には、極東コミンフォルムの動きがあったと考えられる[21]。

一九五〇年五月二十七日、対日理事会ソ連代表デレヴャンコ中将らスタッフ四十九人がソ連に帰国した。朝鮮戦争勃発は秒読み段階に入っていた。

樋口教授の分析によれば、デレヴャンコ中将らの帰国によって、指揮系統は次のように変わった。

（3）全ソ連労働組合中央理事会（リノヴィエフ）↓「極東コミンフォルム」アジア太平洋地域労働者会議北京事務局（劉少奇）↓革命統一戦線委員会（劉少奇）↓中国人民解放軍H2機関（周十第）↓中国・日本共産主義者連合（李平凡）

対日理事会ソ連代表部G局の代わりに、周十第が統括する中国人民解放軍H2機関が入った。つまり、日本国内の日本共産党の活動を、中国共産党の軍幹部が統括する体制になる。GHQを相手に「平和革命」を夢見ていた日本共産党は頼りないので、中国人民解放軍が日本の革命を指導することにしたわけだ。

こうしたソ連、極東コミンフォルム、中国共産党の対日「武力革命」工作の動きを、GHQ側もそれなりに察知していた。

げんに六月六日、マッカーサーは吉田茂首相宛の書簡で、徳田球一ら日本共産党中央委員二十四名の公職追放を命じた。翌六月七日、日本共産党の機関紙『アカハタ』編集委員十七名が追放された。レッド・パージである。

レッド・パージをGHQによる「人権弾圧だ」と批判する意見もあるが、ソ連と中国共産党軍の指揮下で「武力革命」工作を始めていた日本共産党幹部を、公職から追放するのは当然のことだろう。本来ならば公職追放ではなく、「逮捕・拘留」すべき事案であったはずだ。

公職追放指令を受けて徳田、野坂、伊藤らは、宮本・志賀らの反主流派（国際派）を排して自分たちだけで「非公然」（つまり武装テロや破壊工作などの違法行為を実施する）体制に入ることを決め、七日には椎野悦郎議長の臨時中央指導部を設立した。徳田、野坂らは、地下に潜行した（警察からの追及をかわすため、姿を隠した）。

そして六月十八日、中国共産党幹部の劉少奇の命令が初めてH２機関を通じて日本共産党に下された[22]。

朝鮮戦争の開戦は、わずか一週間後に迫っていた。

だが、米国のトルーマン民主党政権も、マッカーサー率いるGHQも事態の深刻さをあまり理解していなかった。中国共産党に対して甘い幻想を抱いていたからだ。

【注】

1 外事事件研究会編著『戦後の外事事件―スパイ・拉致・不正輸出―』改訂版、東京法令出版、二〇〇七年、六九〜七〇頁。
2 樋口恒晴「戦後日本が受けた共産勢力の『侵略』」、『正論』二〇一四年六月号、七九頁。
3 兵本達吉『日本共産党の戦後秘史』、産経新聞出版、二〇〇五年、九〇頁。
4 「日本共産党の革命指令」、『週刊サンケイ』緊急増刊、一九七七年四月二五日号、五六〜五七頁。
5 日刊労働通信社編『戦後日本共産主義運動』、日刊労働通信社、一九五五年、一八七頁。
6 和田春樹『歴史としての野坂参三』、平凡社、一九九六年、二二三頁。
7 兵本達吉『日本共産党の戦後秘史』、産経新聞出版、二〇〇五年、七四〜七五頁。
8 兵本達吉『日本共産党の戦後秘史』、産経新聞出版、二〇〇五年、七五頁。
9 「日本共産党の革命指令」、『週刊サンケイ』臨時増刊、一九七七年四月二五日号、五七頁。
10 和田春樹『歴史としての野坂参三』、平凡社、一九九六年、二二九〜二三〇頁。
11 斎藤一郎『総評史』、青木書店、一九五七年、三四〜三五頁。
12 「日本共産党の革命指令」、『週刊サンケイ』緊急増刊、一九七七年四月二五日号、五七頁。政策研究大学院大学・東京大学東洋文化研究所のデータベース「世界と日本」によれば締結は二月十四日。
13 「日本共産党の革命指令」、『週刊サンケイ』緊急増刊、一九七七年四月二五日号、五七頁。
14 「日本共産党の革命指令」、『週刊サンケイ』緊急増刊、一九七七年四月二五日号、五五頁。
15 「日本共産党の革命指令」、『週刊サンケイ』緊急増刊、一九七七年四月二五日号、五五頁。

16　「日本共産党の革命指令」、『週刊サンケイ』緊急増刊、一九七七年四月二五日号、五七頁。

17　和田教授は『歴史としての野坂参三』でこの文書を「中ソ両党の合意の上で、Gビューローと極東コミンフォルムが日本共産党に指令を出し、在日中国人、朝鮮人と結んで、日本革命に決起させようとしているとの虚偽のストーリーが描かれている」と一刀両断にしているが、一方でスターリンがコミンフォルム批判によって日本共産党に平和革命路線を放棄し、武装闘争に打って出るように命じたことは認めている。

18　樋口恒晴「戦後日本が受けた共産勢力の『侵略』」、『正論』二〇一四年六月号、八〇頁。

19　斎藤一郎『総評史』、青木書店、一九五七年、六〇頁。

20　斎藤一郎『総評史』、青木書店、一九五七年、六一頁。

21　樋口恒晴「戦後日本が受けた共産勢力の『侵略』」、『正論』二〇一四年六月号、八一頁。

22　樋口恒晴「戦後日本が受けた共産勢力の『侵略』」、『正論』二〇一四年六月号、八一頁。

第四章　中国共産党に操られたトルーマン民主党政権

スターリンが「キリスト教道徳を抱く紳士」？

第二次世界大戦中、ソ連にとってアメリカほどありがたい同盟国はなかった。ナチス・ドイツと戦うソ連を応援するという名目で、戦争中にアメリカがソ連に送った支援物資は千七百万トンを超え、金額にして百億ドル以上に達する[1]。

民主党のルーズヴェルト大統領は、「スターリンはキリスト教道徳を抱く紳士であり、アメリカがスターリンの要求を気前よく叶えさえすれば世界の平和と民主主義のために協力するだろう」という、まったく事実に基づかない思い込みを抱いていた[2]。

第二次世界大戦中に戦後秩序について話し合ったテヘラン、ヤルタでの二つの首脳会談では、ルーズヴェルト大統領はソ連に対してポーランドやバルト諸国、満洲や樺太を気前よく与え、ヨーロッパとアジアの両方で戦後のソ連の覇権を容認した。

ルーズヴェルトは、戦争が終わったら米ソ二大国が手を組み、世界の警察官として協力しながら国際秩序を守るという戦後構想を抱いていたため、スターリンの要望の大半を認めたのである。

こうしたアメリカの対ソ宥和外交は、一九四七年に米国務省ジョージ・ケナンが提唱した

「対ソ封じ込め」政策によって、ようやく「ソ連の拡張主義を経済と外交で封じ込めていく」という現実主義に舵を切ったのである。

一九四六年二月、当時、ソ連駐在の公使兼任参事官だったケナンが打電した長文電報が着目され、それから約一年後の一九四七年三月、トルーマン大統領は、ギリシャとトルコをソ連の圧力から守るために支援すると宣言するに至る（トルーマン・ドクトリン）。

トルーマン大統領は同月、連邦政府職員忠誠審査令を発令して政府の防諜、つまりアメリカ政府内部に入り込んだスパイ取り締まり体制の再建に着手した。

しかし、アメリカの対中政策は、対ソ政策よりも二年以上も立て直しが遅れた。当時のトルーマン政権は、中国共産党に対しては引き続き幻想を抱いていたのだ。

一九三七年のシナ事変以降、アメリカの、正確にいえばルーズヴェルト民主党政権の対アジア政策は、反日親中の傾向を強めていった。当時の「親中」はもちろん、蔣介石率いる中華民国、中国国民党政権を支援するという意味である。

だが、アメリカの対中政策は徐々に反蔣介石・親中国共産党に傾き、一九五〇年一月五日には、トルーマン大統領が「台湾への不介入」方針を声明する。

朝鮮戦争勃発の前月、一九五〇年五月には、アメリカ政府は台湾に滞在中のアメリカ人に退去勧告を出した。中国国民党政府と中華人民共和国との武力紛争が国民党政府本拠地の台湾本島まで及ぶことを想定した、事実上の台湾放棄宣言だった。

中国大陸での国共内戦で敗れた蔣介石率いる中国国民党軍は、台湾に拠点を移す。その「台湾」を見捨てるといったわけだ。

蔣介石政権は、連合国の一員であり、同盟国であったはずだが、第二次世界大戦後、トルーマン民主党政権はなぜか、中国共産党に肩入れするようになってしまっていたのだ。

マッカーシーの「赤狩り」は何を明らかにしたのか

なぜ、アメリカの政策がかくも酷い「お花畑」になってしまったのか。

それは、ソ連や中国共産党の工作員が、アメリカの政策決定プロセスの奥深くまで浸透し、政府の要職を占め、政策策定に関わり、機密情報を盗みつづけていたからである。

拙著『アメリカ側から見た東京裁判史観の虚妄』(祥伝社新書、二〇一六年)や『日本は誰と戦ったのか』(ワニブックスPLUS新書、二〇一九年)で解説したように、アメリカのルーズヴェルト民主党政権には一九三〇年代から共産主義者、ソ連の工作員たちが浸透しはじめ、アメリカが第二次大戦に参戦してソ連と同盟国になってからはさらに酷くなった。

本章でアメリカの過誤について見ていくにあたり、最初に、どのような人物がアメリカ政府内部での工作に関わっていたかを整理しておくべきであろう。「種明かし」をしておいたほうが、理解しやすくなるはずだからである。

そこで、時計の針を進めて、まずジョセフ・マッカーシーによる「赤狩り」から見ていくことにしたい。

第二次世界大戦後、ソ連が次々と中・東欧諸国を支配下に収めていったことや中国大陸で中国共産党政権が樹立されたことから、アメリカでも、野党の共和党を中心にソ連に対する警戒心が強まっていく。

そして一九五〇年二月九日、ウィスコンシン州選出の共和党、つまり野党の上院議員であったジョセフ・マッカーシーが、「国務省内にいる共産主義者のリストを持っている」と公表し、のちに「赤狩り」と称されることになる告発を始めた。

中国大陸で中国共産党政権が樹立されたのは、アメリカ政府内部にソ連、中国共産党の工作員がいて、中国共産党に有利な対中政策を推進してきたからだと指摘したわけだ。この告発の信憑性をめぐって、連邦議会と政府とメディアが激しい論争を巻き起こしていく。

アメリカの現代史のなかで、マッカーシーほど悪魔化され、激しい批判の対象になってきた人物はめったにいない。

「マッカーシーは、ありもしないスパイの濡れ衣を無実の人々に着せて苦しめた残酷で卑劣な人間であり、ソ連のスパイ活動を理由に思想や言論の自由を決定的に傷つけた。今後二度と自由が脅かされることがないように、徹底して批判しつづけなければならない」——これが戦後長い間、マッカーシーについての定説であった[3]。

確かにマッカーシーの手法が荒削りすぎたために、かえって全容解明が妨げられたという批判は、アメリカの保守派側にもある[4]。

しかし、ソ連崩壊後に公開された東側諸国の史料や、一九九五年に公開されたヴェノナ文書などによって、現在ではマッカーシーの告発がおおむね事実だったことが明らかになっている。

たとえば、アメリカの保守派の政治学者スタントン・エヴァンズの指摘によれば、マッカーシーは、当時アメリカ最大のアジア問題に関するシンクタンク、太平洋問題調査会（略称ＩＰＲ）とソ連の秘密工作とのただならぬ密接な関わりを早くから指摘していた。

のちに連邦議会上院司法委員会の国内治安小委員会（通称マッカラン委員会）がＩＰＲに関する充実した調査を行うことができたのは、ＩＰＲの文書がカーター元ＩＰＲ事務総長の農場の納屋に保管されている事実をマッカーシーの調査スタッフが突き止め、マッカーシーがそのことをマッカラン委員長に伝え、委員会が提出命令を出して文書を入手できたことが大きい。

マッカラン委員会の証言聴取記録は五千ページを越え、IPRから提出されたもののうちで証拠として採用された文書は合計一千ページ以上になる[5]。

このIPR文書は、戦前・戦中のソ連による対米工作の実態を明らかにするうえで実に重要なものなのだが、なぜか黙殺されてきた。

また、マッカーシーの調査は、FBIによるIPR捜査にもつながったと、スタントン・エヴァンズは述べている。

FBIはすでにIPRについて捜査していたが、マッカーシー上院議員の告発を契機に、再びIPRに着目して捜査を進めた結果、現在機密解除されている分だけでも捜査書類の量は二万四千ページに達する[6]。

そもそもIPRは、どのような団体だったのか。そしてここを拠点に、どのような「スパイ」が暗躍したのか。

ここで、現在までの研究でわかっていることを整理しておこう。

ＩＰＲはキリスト教団体ＹＭＣＡの呼びかけによって一九二五年に設立された団体である。ロックフェラー財団やカーネギー財団のほか、バンク・オブ・アメリカやスタンダード石油などアメリカの一流企業の資金援助を受け、日本、中華民国、アメリカ、カナダ、オーストラリア、イギリス、フランス、オランダ、ソ連などの多くの著名人や有識者によって組織された。

各国の有識者がそれぞれの国でＩＰＲを設立し、普段は独自に活動する。ハワイのホノルル（のちにニューヨーク）には国際事務局と中央理事会が置かれ、各国のＩＰＲが研究成果を発表したり、国際的な研究計画に協力したりする緩やかな連合体組織であった。

ＩＰＲは創立から活動停止までの三十五年間に、二、三年に一度の割で十三回の国際大会を開催し、機関季刊誌『パシフィック・アフェアーズ』のほか、二十七巻の「調査シリーズ」、政府機関や教育機関向けのパンフレットなど、多数の刊行物を出している。

ＩＰＲは創設以来、最も権威のある東アジア研究機関とみなされていた。当時のアメリカにはまだ、ＣＩＡは存在せず、日本や中国、朝鮮半島に関する情報収集と分析をしていたＩＰＲのレポートを、アメリカの政治家、国務省、そして米軍幹部たちは競って読んでいた。

しかも、国際事務局を中心とするＩＰＲ関係者は、学術団体でありながら広報、ロビイング、プロパガンダに長けていたこともあって、学界はもとより、軍や国務省の政策担当者を含む政府機関や教育界、新聞・ラジオにも顕著に食い込むことになった。ある意味、アメリカ政府の対アジア政策を左右していたのが、ＩＰＲであったのだ。

ＩＰＲ国際事務局とアメリカＩＰＲでは、以下の人々がＩＰＲファミリーと呼べるようなある種のインナーサークルを形成し、活動の中心を担っていた。

1．ＩＰＲの組織のなかで要職を務めつづけていた人々

2．ある一定期間ＩＰＲの役職についていて、その前後にはＩＰＲの援助で大学の教職や助成金などを得、ＩＰＲのための研究活動や機関誌への寄稿などを続けながらＩＰＲの活動に協力していた人々

3．ＩＰＲの職員だったことはないが、ＩＰＲの出版物に頻繁に寄稿し、ＩＰＲのスタッフと行き来したり、ＩＰＲのいろいろな委員会に参加したりしていた人々

1に属する人としては、エドワード・カーター、オーウェン・ラティモア、フレデリッ

ク・ヴァンダービルト・フィールドらがいる。

カーターは一九二六年から一九三三年までアメリカIPR理事長、一九三三年から一九四六年まで国際事務局で事務総長を務めた。一九二八年までアメリカIPRの専従職員はカーター一人きりだったが、その年、フィールドがカーターの秘書になる。一九三三年にカーターが事務総長になるとフィールドがアメリカIPR理事長の後任になり、ラティモアが国際事務局の季刊誌『パシフィック・アフェアーズ』編集長になった。

2に当てはまる人には、アンドリュー・グラジャンゼフ、マイケル・グリーンバーグ、T・A・ビッソンらがいる。グラジャンゼフとビッソンは戦後、GHQスタッフとして来日している。

3は、ジャーナリストのガンサー・スタインやエドガー・スノウ、極東研究家でOSSスタッフだったジョン・K・フェアバンクらがいる。

一九九五年に公開されたヴェノナ文書など、インテリジェンス関係の機密文書公開が進んだことによって、現在では、これらの人々のなかに共産主義者やソ連の工作員が何人もいたことが明らかになっている。

フィールドは非公然のアメリカ共産党員で、国務省のローレンス・ダッガンをソ連の工作員としてリクルートしようとした[7]。

グリーンバーグも非公然のアメリカ共産党員で、『パシフィック・アフェアーズ』編集者として勤務し、雑誌編集部の終身在職権を得ている。政府の戦時機関の一つ、経済戦争委員会の中国専門家として働いているとき、ホワイトハウス内のソ連の工作員、ロークリン・カリー大統領補佐官のアシスタントを務めた[8]。

ビッソンは、ヴェノナ文書によれば一九四三年に、ジョセフ・バーンスタインというソ連軍情報部の工作員によってリクルートされ、経済戦争委員会の秘密の文書をバーンスタインに提供している[9]。

ガンサー・スタインは、リヒャルト・ゾルゲのスパイ組織の一員だった。

エドガー・スノウは、中国共産党に密着したジャーナリストだ。著書『中国の赤い星』は現地で中国共産党にもっとも詳しく直接取材した目撃談として、アメリカ世論に大きな影響を与えた。

要するに、アメリカ政府の対アジア政策に多大な影響力を発揮したＩＰＲは、ソ連および中国共産党の工作員と協力者の巣窟であったわけだ。自由と民主主義を掲げながら、頭脳は共産党に支配されていたのが、戦前・戦中のアメリカ政府だったのだ。

暗号解読のヴェノナ作戦とFBIの連携

このように見てくると、マッカーシーによる告発が、おおむね的を射たものであったことがわかる。

だが、なぜマッカーシー上院議員は、このような告発をすることができたのか。

それは、一九四五年以降の数年間は、それまで「お花畑」で負けつづけだったソ連との諜報戦に対して、アメリカ側が懸命に態勢を立て直していった時期だったからである。

一九三〇年代から第二次世界大戦の終わりまでのあいだ、ルーズヴェルト民主党政権は、共産主義者が政府機関に入り込むことをほとんど問題視していなかった（一方で、野党の共和党の政治家、ルーズヴェルト大統領に対抗していた一部の民主党政治家たちは、ソ連の工作員による対米工作をかなり警戒していた）。

実は一九三〇年代後半には、ソ連情報機関の幹部が数人、アメリカに亡命してきている（軍情報部やNKVDの情報将校たちにスターリンの大粛清が波及し、一九三七年の一年間だけでも三千人のNKVDの情報将校が処刑されたため）が、ルーズヴェルト民主党政権はそのチャンスを活かすことができなかった。

たとえば、西ヨーロッパの多数のソ連エージェントを率いていたワルター・クリヴィツキーが亡命先のフランスから一九三八年にアメリカに移ってきたとき、アメリカ労働省はソ連の抗議やアメリカ共産党によるメディアでの大バッシングに怯《ひる》み、クリヴィツキーの国外退去を検討した。米国務省も、ソ連の情報工作に関する聞き取りをしなかったわけではないが、むしろアメリカのパスポートの不正取得や不正使用に関する聞き取りのほうに焦点を置いていた[10]。

第二次世界大戦中、アメリカの政府機関のなかで、ソ連の情報工作やアメリカ政府への工作員の浸透を最も精力的に捜査し、情報を集めていたのはＦＢＩだが、日米開戦前後の時期までは動きが鈍かった。

ソ連軍情報部の工作員だった元アメリカ共産党員、ウィテカー・チェンバーズに関する報告を一九四一年三月に米国務省から受けたにもかかわらず、実際にＦＢＩがチェンバーズを聴取したのは翌年になってからである[11]。

だが、遅くとも一九四三年には、アメリカ共産党の地下活動のキーパーソン、Ｊ・ピーターズの正体を摑み、綿密な監視体制を敷くほどになっていた[12]。

そして一九四三年二月一日、アメリカ陸軍諜報部（ＮＳＡの前身）が、のちにヴェノナ作戦と呼ばれることになる極秘の暗号解読作戦を開始した。最初の目的は、ソ連の外交通信の傍受と暗号解読だった。だが、暗号解読が進むうちに、ソ連が多数のアメリカ人を工作員として使ってスパイ活動を盛んに行っていることが明らかになっていった。

一九四三年十一月、ソ連の外交暗号を初めて解読し、翌一九四四年十一月にはKGBの暗号解読に初めて成功する。

一九四五年八月、元アメリカ共産党員でKGBのエージェントだったエリザベス・ベントリーがアメリカ共産党を離脱し、FBIに、共産党の地下活動について通報した。ほぼ同じころ、元アメリカ共産党幹部のルイス・ビュデンズもFBIに通報している。ベントリーの情報によって、FBIは連邦政府へのソ連・工作員の浸透の実態をさらに詳しく摑むことができた。

戦後の一九四八年からは、FBIとアメリカ陸軍情報部によるヴェノナ作戦の連携が始まり、さらなる暗号解読と、暗号文中に現れる工作員のコードネームの身元特定が進んでいく。

そして一九四八年から一九五一年までのあいだに、原爆開発の機密をソ連に渡したクラウス・フックス、ハリー・ゴールド、デイヴィッド・グリーングラス、セオドア・ホール、ローゼンバーグ夫妻、航空機に関する機密を漏らしたウィリアム・パール、イギリスの情報機関や政府上層部に浸透していたガイ・バージェス、ドナルド・マクリーン、キム・フィルビー、財務次官補のハリー・デクスター・ホワイトら、主要な工作員の身元が次々に明らかになっていった。

スパイ、工作員への対策は、膨大な時間と労力が必要なのだ。

アルジャー・ヒス告発とマッカーシー旋風

一九四五年九月、グゼンコ事件が発生し、西側諸国の政府、特に情報機関を震撼させた。カナダのソ連大使館に勤務していた暗号官イーゴリ・グゼンコが亡命し、ソ連がスパイ活動によってアメリカの原爆開発の機密を得ていることや、ソ連が西側諸国にスパイ組織を張り巡らせていることが明らかになった事件である。

一九四八年七月、KGBの元エージェントだったベントリーがアメリカの連邦議会下院の非米活動委員会においてソ連やアメリカ共産党の活動について証言したが、委員会に提出できたのは自らの証言だけであり、物証がなかった。

その結果、ベントリーは百人近くの政府職員をソ連の工作員として名指ししたものの、たった一人が偽証で有罪になったにすぎなかった[13]。

民主主義国では明確な証拠がないと裁判で勝てないので、工作員、スパイを摘発し、処罰することは極めて難しいのだ。

元アメリカ共産党員のチェンバーズは一九四八年八月、国務省の元高官アルジャー・ヒスが政府の機密書類を、自分を通じてソ連軍情報部に提供していたことを暴露した。ヒスはジョンズ・ホプキンス大学とハーヴァード・ロースクール卒業、最高裁判事オリヴァー・ウェンデル・ホームズに仕え、国務省入省後は国連の創設を担当し、ディーン・アチソン国務長官の友人かつ腹心だったエリート中のエリートである。ヒスは真っ向からチェンバーズの証言を否定した。

メディアの反応は当初、圧倒的にヒスに有利だった。

だが一九四九年十二月、非米活動委員会のメンバーで、まだ若手議員だったリチャード・ニクソン（のちの大統領）の説得により、チェンバーズは通称『パンプキン文書』を委員会に提出する。チェンバーズは、共産党を離れるに際して、家族と自分の安全を守るため、自分が担当していた工作員たちから受け取った機密書類の一部を密かにかぼちゃ、つまりパンプキンのなかに保管していたのだ。そのなかに、ヒスが盗んだ書類もあった。これが動かぬ証拠となり、ヒスは一九五〇年一月に偽証罪で有罪判決を受けている。

もちろんトルーマン民主党政権は、ＦＢＩから、アメリカ政府内へのソ連工作員の浸透について報告を受けていた。

だが、特に問題の大きい少数の政府職員を密かに辞職させただけで、根本的な対処にはほど遠かった。多数のソ連工作員が政府職員として勤務しつづけていたのだ。

このような状況を受けて立ち上がったのが、野党・共和党のマッカーシー上院議員だったのである。いわゆるマッカーシー旋風の始まりである。

マッカーシーの告発を受けて、連邦議会上院は、与党・民主党のミラード・タイディングス上院議員を長とする委員会を招集し、調査にあたらせた。

委員会は二月から七月まで調査した報告書を七月十四日に発表したが、最初から結論ありきの調査で、「マッカーシーの告発はでっち上げのペテンだ」と報告した[14]。政治の世界ではよくあることだが、マッカーシーの告発を認めると、トルーマン民主党政権に打撃となるため、真実の追及よりも、マッカーシー批判を優先させたわけだ。

委員会の運営は、マッカーシーに対して不当かつ不公平で、証言台に立ったマッカーシーが用意したメモを読み上げようとしても、タイディングス委員長自ら冒頭からひっきりなしに妨害した。
マッカーシーが証言台に立っていた二百五十分のあいだに、メモを読めたのはわずか十七分間で、八十五回も中断されたという[15]。

皮肉なことにタイディングス報告から三日後の七月十七日、原爆開発に携わったジュリアス・ローゼンバーグが、原爆に関するスパイ罪で逮捕されている。

ちなみに、マッカーシーに批判的な文献は、当時の共和党の言動を一括《ひとくく》りに党派的だと指摘するものが多い。共和党のフーバー大統領がルーズヴェルトに大統領選で惨敗してから長らく民主党の天下が続き、戦後ようやく摑んだスパイ問題という「敵失」に、共和党がここぞとばかり民主党政権批判を強めた事実は、実際にある。

だが、民主党側にもタイディングス委員会が示すような党派性があったことに言及している文献は少ない。「マッカーシーの告発が事実無根であることがタイディングス委員会の調査で示された」という意味のことだけが書かれている場合が多いので、鵜吞《うの》みにしないよう注意しておきたいものだ。

ある意味、マッカーシー叩きは、ルーズヴェルト民主党政権内部に、ソ連および中国共産党の工作員や協力者が入り込んでいたことを隠蔽《いんぺい》するために行われてきたといえよう。

戦争中から進んでいた中国共産党との接近

いままで見てきた「後世に明らかになった事実」を前提として、これから第二次世界大戦直後のアメリカの対中政策がいかに誤ったものであったかを、インテリジェンス、特にアメリカ政府の政策に影響を与える影響力工作の観点から見ていこうと思うが、もう一つ、押さえておきたい視点がある。

それは、これまで拙著で幾度も指摘してきた、ストロング・ジャパン派とウィーク・ジャパン派の存在である。

アメリカのアジア専門家は、ストロング・ジャパン派とウィーク・ジャパン派の二つに大きく分けることができる。

ストロング・ジャパン派は、「強い日本がアジアを安定させ、アメリカの国益につながる」という考え方で、戦前から戦中にかけての時期は、日米開戦まで駐日大使を務めていたジョセフ・グルーがその代表格だった。

念のために申し添えると、ストロング・ジャパン派は親日派とはかぎらない。あくまで「アメリカの国益からすると、軍事的に強い日本のほうが望ましい」と考えているにすぎない。

一方、ウィーク・ジャパン派は「アジアの不安定化の原因は日本であり、日本の力を押さえつけて弱くすることが平和につながる」という考え方で、国務省のスタンレー・ホーンベック、国務長官や陸軍長官を歴任したヘンリー・スティムソン、財務次官補のハリー・デクスター・ホワイトらがいた。

日米和平交渉が行われていた一九四一年当時、ウィーク・ジャパン派が、アメリカ政府内を席巻していったこと、つまり反日親中派が、ストロング・ジャパン派を圧したことが日米開戦につながっていった。

そのときのウィーク・ジャパン派のキーワードが、「蔣介石を裏切るな」だった。

日本が一九四一年十二月八日の真珠湾奇襲攻撃に踏み切る直前まで、日米両政府のあいだでは、とりあえず九十日間、武力行使を控える暫定協定交渉が進んでいたのだが、それを潰す大義名分が「日本との協定は蔣介石と中国人への裏切りだ」であった[16]。

中華民国、つまり蔣介石率いる中国国民党支援は第二次大戦が終わるまで、アメリカの対中政策の基本方針でありつづけた。

だが、その一方で、ルーズヴェルト政権は、中国共産党にも接近しようとしていた。

一九四二年十月十二日、ロークリン・カリー大統領補佐官は、なんとアメリカ共産党書記長アール・ブラウダーと、党幹部のロバート・マイナーを呼び、サムナー・ウェルズ国務次官との会議を開いた。会議の終わりにウェルズ国務次官は、ブラウダーに以下のことを書いた覚書を手渡している。

一、アメリカ合衆国は中華民国政府と中国共産党勢力の一致を望んでいる。
二、国務省は、中国の内戦はいかなるときも不幸であると考える。
三、国民党軍と共産党軍はどちらも日本と戦っている。
四、国務省は、中国共産党の脅威警戒論に懐疑的である。

アメリカ共産党を通じて中国共産党との連携を申し出たわけだ。

この覚え書き全文が十月十六日にアメリカ共産党機関紙『デイリー・ワーカー』に掲載された[17]。

一九四二年十一月には、米国務省のジョン・S・サーヴィスとジョン・カーター・ヴィンセントが、中国共産党の幹部である周恩来および林彪と会談し、中国共産党の要望を聞き取っている。サーヴィスとヴィンセントは当時アメリカの駐華大使館に勤務していた外交官で、二人とも蔣介石には批判的であり、中国共産党を好意的に評価していた。米国務省は、ウェルズ次官の下、中国共産党と積極的に関係を結ぼうとしていたのだ。

中国共産党の要望は次のようなものだった。

一、国民党と中国共産党との関係改善のために、アメリカ政府が国民党への影響力を発揮すること。

二、中国での抗日戦を含む第二次世界大戦の構図は「民主主義対ファシズム」であることを、国民党政府との対話や広報によってアメリカ政府が強調すること。

三、中国で本当の「民主主義」を見たいというアメリカの希望を繰り返し表明すること。

四、中国共産党が対ファシズム戦争に参戦していることを認めること。

五、アメリカが中国に送っている補給物資を中国共産党にも分配すること[18]。

一は、蔣介石が中国共産党にもっと宥和的になるようにアメリカの圧力でなんとかしてほしいという意味だ。蔣介石は一九三六年十二月の西安事件で張学良の手で拉致・監禁され、国共内戦停止と国共合作による抗日に同意したものの、中国共産党への警戒を解いていなかった。

二と四は、国際対立の構図を「民主主義対ファシズム」とすることによって、中国共産党が民主主義陣営の側だというプロパガンダを強化する意図があった。

三は、アメリカが「中国で本当の『民主主義』を見たい」と強調すればするほど、いまはまだ中国に「本当の『民主主義』」が存在していないと示唆することになる。つまり、「中国国民党政府は民主主義ではない」というネガティブキャンペーンをアメリカの手でやってほしいということなのだ。

五は、自分たちも抗日戦を戦っているのだから、補給物資の分け前をよこせということである。

サーヴィスの報告書には中国共産党の要望だとは書かれていなかったが、もう一つ、次のような項目もあった。

六、中国共産党の本拠地、延安にアメリカの代表者を送ることのちに米国務省のジョン・カーター・ヴィンセントがアメリカ連邦議会上院司法委員会国内治安小委員会で証言したところによると、その後、ルーズヴェルト民主党政権は実際に、中国での国共対立の政治的性質は「民主主義対ファシズムである」と強調したし、「本当の民主主義が中国に出現することがアメリカの希望である」と表明することもアメリカの政策になった[19]。

拙著『日本占領と「敗戦革命」の危機』で述べたように、延安へのアメリカ政府代表者派遣は、元副大統領ヘンリー・ウォレスの訪中団（一九四四年五月二十日出発）と、同年七月のディキシー・ミッションとして実現している。

また、米国海軍大学教授Maochun Yuの『中国における戦略情報局（OSS *in China*）』（Naval Institute Press, 1996. 未邦訳、pp.186-187）によれば、アメリカが戦争遂行のために創設した初の統一的情報機関、戦略情報局（Office of Strategic Services 略称ＯＳＳ）は、一九四四年十二月、中国大陸で日本軍と戦うために延安にＯＳＳの対北支情報工作基地を作る計画を立て、基地創設の条件として、国民党の頭越しに中国共産党への様々な援助を約束していた。

この構想は頓挫したが、アメリカの軍や情報機関が終戦前から中国共産党との連携を経験していたことは重要である。

蔣介石政権を敵視するトルーマン政権

ストロング・ジャパン派のジョセフ・グルーは日米開戦後、しばらく発言力を失っていたが、一九四四年五月、国務省極東部長に就任、さらに十二月には国務次官に昇格した。

極東部長としてのグルーは対日政策だけでなく対中政策に責任を持ち、国務次官としてのグルーは世界中すべてとの外交政策を統括する立場になった。対中政策では、グルーは、中国共産党ではなく、蔣介石率いる中国国民党支持であった。

ところが一九四五年六月に「アメラジア事件」が発生し、国務省全体を巻き込むウィーク・ジャパン派とストロング・ジャパン派の抗争に発展する。

アメラジア事件は、大量のアメリカ政府の機密書類が親中国共産党系の雑誌『アメラジア』に漏洩《ろうえい》したことが発覚し、アメラジア編集長のフィリップ・ジャッフェをはじめとして六人が逮捕された事件だ。その六人のうち二人が国務省職員で、ウィーク・ジャパン派で親中国共産党のジョン・サーヴィスとエマヌエル・ラーセンであった。

ウィーク・ジャパン派の国務省職員が機密書類漏洩に関わったのだから、ウィーク・ジャパン派の立場が弱くなるはずのところだ。しかし実際は、二人の逮捕を容認したことでグルーは、ウィーク・ジャパン派を目の敵にして彼らの逮捕を黙認したのだと非難され、日本がポツダム宣言を受諾した直後に辞表を提出せざるをえなくなった。

グルー国務次官の元でベテランのストロング・ジャパン派、ジョセフ・バランタインとユージン・ドゥーマンが極東政策を担当していたのだが、グルーの失脚とともに、親中国共産党のジョン・カーター・ヴィンセントが極東課長に任命され、ストロング・ジャパン派は国務省から一掃される。

かくして日本敗戦後のトルーマン政権の対中政策は、バリバリの親中国共産党派のヴィンセントが中心になって作られることになった。

ヴィンセントの対中政策の骨子は、「統一された民主的な中国を作ること」であった。具体的には、次のようなものだ。

一、中国国民党政権の基盤が中国国内のほかの政治的要素も包含するように拡張されれば、平和で、統一された、民主的な中国の改革が可能になる。

二、アメリカ政府はこの目的に向かうステップを強く奨励するべきだ。

三、国民党政府は一党支配の政府であるから、アメリカ政府はそのような政府を「内紛に軍事介入することによって」支援することはできない。
四、国民党軍と中国共産党その他の軍事勢力は停戦を宣言すべきである。
五、アメリカ政府はソ連および英国にこのような中国支援への協力を呼びかける用意がある[20]。

このアウトラインを基に、ヴィンセント極東課長は一九四五年十二月九日付で、今後の対中政策と作戦を示す、陸軍省のための覚書草稿を作成した。草稿は翌日、ジェームズ・バーンズ国務長官の署名を受けて公的な国務省の政策となった。

覚書は、「大統領と国務省の両者は中国の統一が平和的で民主的方法で一刻も早く達成されるよう切望する」、目標達成のためには「中央」政府と「様々な政治的勢力」が妥協の意志を示すことが重要であり、蔣介石政府は「現在政府のなかに代表者が入っていない集団の代表者を」包含するよう拡張されるべきであると「我々は信じる」と述べていた。

「現在政府のなかに代表者が入っていない集団」とは、中国共産党のことだ。中国国民党と中国共産党の連合政府、つまり、人民民主政権を作らせることが、トルーマン民主党政権の対中政策になったのである。

トルーマン大統領は、ジョージ・マーシャル将軍を大統領の特別大使として中国に派遣することを決定し、マーシャルへの指令の一部を一九四五年十二月十五日に声明の形で発表した。声明の内容を、アメリカ国務省が一九四九年に発行した『中国白書』ではこう解説している。

《大統領は中国における内戦の停止を要求したが、この内戦に影響を与えるような米国の軍事的干渉は一切行わないことを誓約し、華北に米国軍隊が駐在しているのは、中国領土になお残存している日本降伏後の武装解除と本国送還の必要からであると釈明した。

トルーマン大統領はさらに進んで、中国問題の解決をはかるため、重要な政治的党派の代表者を以てする全国会議を召集し、これによって国内闘争を終息させるばかりでなく、各党各派の主要人物を公平かつ効果的に中国政府に参加せしめる条件で和平統一を実現すべきであると強調した》[21]

中国国民党と中国共産党の連立政権を作らせることを使命として、マーシャルは十二月二十日、中国に派遣された。だが、現実には一九四五年十月の段階で、すでに国民党と共産党は戦闘状態（国共内戦）に入っていた。

一方、中国戦線の米軍総司令官ウェデマイヤーは十一月二十日付で、そもそも中国国民党と中国共産党が協定に達する見込みはなく、現在の国民党政府には独力で満洲を維持する力がないので、中国大陸を共産主義者に席巻させないためには、国民党政府が十分な力をつけて安定するまで米英ソが満洲を共同管理し、アメリカ政府は明確に国民党政府を支援する姿勢を示すべきだ、という報告書を統合幕僚長会議宛に提出していた[22]。

だが、ウェデマイヤーの献策は実らなかった。トルーマン政権は、中国共産党を支援することが中国の平和と安定につながると信じ込んでいたのだ。

中国共産党を支援したマーシャル

マーシャル特使が中国に向けて出発した一九四五年末の段階では、中国国内の勢力バランスは中国国民党が優勢だった。おおむね一九四六年末ごろまでは、国民党の優位は揺らいでいない[23]。蔣介石の師団が中国共産党軍を北方に追い詰めており、国民党軍勝利の公算が最も強かったのがこの時期である。

そこへマーシャルがもたらしたのが、国共連合政府構想と、中国軍の統一案だった。国民党軍を五十個師団に、中国共産党軍を十個師団にそれぞれ削減し、共産党軍を国民党軍に編入したうえで、全軍にアメリカ製の装備を与える、という計画だ。言い換えれば、中国共産党軍と一緒にならなければ中国国民党はアメリカから軍事援助をもらえない、ということだ。

併せてマーシャルは、米軍、中国国民党側代表、中国共産党側代表の三人で構成される停戦実施司令部を作り、さらに中国国民党軍将校、中国共産党軍将校、アメリカ軍将校の三人で構成される停戦実施チームを約五十個作って各地に派遣したが[24]、交渉は進まなかった。

中国共産党軍は自分たちの部隊が負けそうなとき、地元の停戦実施チームに要請して国民党軍の攻撃を停止させるが、交渉をまとめることはなく、再び力を蓄えて攻撃を再開するだけだったからだ[25]。

旗色が悪いときだけ交渉に応じ、時間を稼いで力を復活したら反故《ほご》にするという、北朝鮮との非核化交渉で何度も繰り返されたようなことが、中国各地の戦闘地域で行われていたわけである。

交渉を進める目的で、マーシャル特使は五億ドルの借款を中国に与える権限を認められていた。連合政府構想と軍の再編、つまり中国共産党軍との合併を蒋介石に飲ませるために圧力をかける道具としてマーシャルが使ったのが、この借款である。

マーシャルは、連合政府設立までこの借款を保留することにした。そして中国国民党が中国共産党との連合政府を推進しようとしなかったという理由で、中国国民党政府に対する借款は実施されずに終わった。

それだけではなく、トルーマン政権はそれまで国民党政府に与えていた支援と、支援とは別に国民党政府が自費で購入した軍事物資の発送も、一九四六年夏までに停止した。また、国民党政府は沖縄やその他の太平洋諸島に残された余剰物資も購入していたが、トルーマン政権はその発送も禁じた[26]。

つまり一九四六年夏からトルーマン政権は、中国国民党政府に対して禁輸、つまり経済制裁を実施したのである。禁輸は少なくとも一九四七年五月まで続いた。蔣介石が中国共産党と手を結ばなかった、という理由からだ。

第二次世界大戦中に中国大陸でアメリカ人義勇兵の航空部隊を指揮していたシェンノート将軍の証言によれば、禁輸の解除は、実際はもっと遅く、解除後の最初の荷が上海に着いたのは一九四八年十二月だったという。

また、一九四五年から一九四六年まで中国の領海でアメリカ海軍の第七艦隊を率いていたクック提督の証言によると、中国国民党軍にはアメリカ製の兵器で装備された師団が数多くあったので、アメリカ製の弾薬が入ってこなくなると、それらの師団は、火力を失って敗北した。トルーマン政権の禁輸によって中国国民党は弱体化させられていた。

アメリカの第八十議会が一九四八年に一億二五〇〇万ドルの対中支援予算を可決したあとですら武器の発送が遅らされ、中国北部に展開する中国国民党部隊にようやく銃器が届いたときには、遊底（弾薬を装填するために、銃身の後尾を開閉する装置）が失われていたために使い物にならなかった[27]。

国共内戦が決定的な潮目を迎える時期に、トルーマン政権はこうして中国国民党軍を事実上「武装解除」し、結果として中国共産党を支援しつづけていたのである。

一方、中国共産党軍は、日本軍が降伏時、満洲でソ連軍に引き渡した膨大な武器弾薬と補給物資を手に入れていた。

《満州に進出した中共軍は、……ソ連の協力のもとに、関東軍の厖大な武器軍需品をかくとくした。これは、飛行機一五〇、戦車一五五、装甲車一八六、各種大砲七九七門のほか、百万人の部隊が十年間一般戦争に耐えられるというほどの厖大な燃料、弾薬をふくんでいたといわれる。これにより林彪麾下に編成された東北野戦軍（のちの第四野戦軍）は、中共各野戦軍のうちもっとも近代化した精鋭部隊となったのである》[28]

それにひきかえ国民党軍は、一九四六年六月三〇日から、第八十議会で中国支援法が成立して施行される一九四八年までのあいだに、武器貸与法でわずか一七九〇万ドルの支援をアメリカから受けたにすぎなかった。ほかには、アメリカ海兵隊が残した弾薬を受け取った分が四三〇〇万ドル分で、実に微々たるものである。

トルーマン大統領は一九四六年八月十日、蔣介石へのメッセージを送った。内容は、蔣介石が中国の「リベラル」を暴力的に攻撃しており、「いまのリベラルな時代の傾向」を理解していないと非難するものだった。

そして、国民党政府が速やかに共産主義者と和解して平和的に内紛の解決を進めないかぎり、アメリカ政府としては現在の「アメリカ合衆国の立場を見直し、アメリカ国民に説明すること」が必要になるだろうとも述べていた[29]。

一九四五年十二月十五日の大統領声明やマーシャルへの指令と同様、このメッセージの草稿もジョン・カーター・ヴィンセント国務省極東課長が作成したものであった。

ヴィンセントは公的な場面で何度か、国民党政府を批判するスピーチもしている。しかもヴィンセントは一九四六年から一九四七年にかけて米国務省極東部長の地位にあったので、アメリカの対アジア政策の公的スポークスマンとみなされていた[30]。

要するにトルーマン民主党政権は戦後、日本では日本共産党を応援し、中国では中国共産党を応援していたのだ。

IPRが関わってきた中国に関するプロパガンダ

一九四六年三月には、イギリスのチャーチル首相の有名な「鉄のカーテン」演説があり、チェコスロバキアでもブルガリアでもルーマニアでも、ソ連が着々と独裁的な傀儡《かいらい》政権を築きつつあった。

共産党と他の政党との連立政権がポーランドやハンガリーなど東欧諸国に何をもたらしたかを、トルーマン民主党政権が知らなかったわけではない。

それなのになぜトルーマン政権は、国民党と中国共産党の連合政府構想を危険だと思わないどころか、マーシャルを特使として派遣してまでこの構想を実現しようとしたのだろうか。

それは、「中国共産党は共産主義者ではない」というプロパガンダが第二次大戦中からずっと続けられ、要路の人々が信じ込んだからだ。

中国共産党は、レーニンやスターリンのような共産主義者ではなく、穏健な農地改革主義者である。ソ連からは独立しており、暴力革命を起こすつもりもない――いまから見れば信じがたいことだが、こんなプロパガンダに多くの人がだまされていたのである。

そのようなプロパガンダに大きく関わってきたのが、前述したＩＰＲ（太平洋問題調査会）であった。ＩＰＲが関わってきた中国に関するプロパガンダを時系列に沿って挙げてみよう。

①一九四三年、トーマス・ビッソンの論文

トーマス・ビッソンはアメリカＩＰＲ機関誌『ファー・イースタン・サーヴェイ』一九四三年七月号に「連合国の戦争における中国の役割」を書き、国民党の中国を「封建的中国」、共産党の中国を「民主的中国」と呼ぶことを提唱した。

《［中国共産党の］全綱領の基礎をなすものは土地改革である。これこそがその支配地域、否、全中国のほとんどの地域での最も代表的な生産者である農民を、封建的経済の課する地代、租税、高利の押しつぶすような負担から解放するものである。

それればかりではない。この土地改革に加えて地域民主主義の手続が導入された。（中略）この地域の民主的制約の枠内では、地主や企業家も自由に事業を拡張することができるし、またそうするように奨励されている。そして実際彼らの多くはそうしている。

これを「共産主義」とよぶことは、どんなに概念を拡張してもできないだろう。これこそ農業社会に適用されたブルジョワ民主主義に他ならない。延安の指導者たちは、この綱領を、抗日戦争への資源の有効な動員という当面の目的を越えて、中国の封建的桎梏を振り棄て、近代国家へと移行するための手段と考えている》[31]

ビッソン論文の翌月、ソ連情報機関のエージェント、ウラジーミル・ロゴフが『戦争と労働者階級』という雑誌に、「蔣介石は日本と結託しており、日本と戦っているのは延安の赤いゲリラ（つまり中国共産党）だけだ」と主張する記事を書いた。

ビッソンとロゴフの論文発表を境に、「蔣介石は国民を裏切って日本と手を結んでいる」「蔣介石は日本とろくに戦っていない」「抗日戦を真剣に戦っているのは中国共産党だ」というプロパガンダが大量に行われるようになった。

なぜ一九四三年になって、蔣介石批判が始まったのか。実はちょうどこのころ、ヨーロッパの東部戦線でドイツ軍の敗北が続き、ソ連軍の反転攻勢が始まろうとしていた。東部戦線で苦戦しているあいだは、百万の日本軍を中国大陸に釘付けにしてくれる蔣介石に利用価値があったが、もはや不要になったのである。

②一九四五年、オーウェン・ラティモアの『アジアの解決』

ラティモアは、当時のアメリカにおける、中国や中央アジア研究の第一人者として重んじられていた。一九四五年の早い時期に書かれた『アジアの解決』は書評で絶賛され、極東問題の入門書として、終戦後に来日したアメリカ政府や軍関係者、ジャーナリストらによっても広く読まれた。この本は、中国共産党を次のように描いている。

《共産党は民衆を力で制圧したのではなく、民衆の支持を得て存立し、版図を拡大した。共産地区は国民党支配地区より衣食の状態がよい。共産地区の方が徴兵や租税が公平である。進歩的で教養ある中産階級の中国人で封鎖線を越えて共産地区に逃げ込んだ者は多いが、その逆は少ない。統治構造はより民主的で、代議機関は選挙で選ばれ、共産党は議員の三分の一以下に抑えられている。それに対し国民党支配地区では、国民党員でない者が公職に就くことがいよいよ困難となっている》[32]

中国共産党は、議会制民主主義を支持し、民衆からも支持されていると伝えたのだ。

一九四七年七月以降、中国共産党軍の反攻が始まり、翌一九四八年九月から十一月の満洲における遼瀋戦役に勝つ。さらに徐州を中心とした淮海戦役（一九四八年十一月～一九四九年一月）と、北京・天津をめぐって戦われた平津戦役（一九四八年十二月～一九四九年一月）で、中国国民党軍はほぼ壊滅した。

このころまでに、アメリカ世論のなかでソ連の拡張主義に対する批判が相当広まってきていた。中・東欧諸国で次々と共産党政権を樹立したソ連の「侵略的な」対外政策はアメリカの世論の反発を買い、ニューディーラーやリベラルのなかにも反共団体が結成されるまでになっていた。

ところが、そのようななかでもなお、ＩＰＲの親中共的プロパガンダは続いた。

③一九五〇年、オーウェン・ラティモアの『アジアの情勢』

ラティモアはこう述べている。

《アメリカは……中国に対する資本や資本財や技術者の最大の潜在的な提供者であって、もし中国共産党が必要なものをアメリカから得られるならば、革命化を漸進的なペースに落とすことが彼らにとって現実的政治になるだろう》[33]

アメリカが中国「国共」連立政権に対して積極的に経済支援をすれば、豊かになった中国は一党独裁や全体主義を脱し、徐々に〝普通の民主主義国家〟になっていくだろう、という議論は、いまでもアメリカの親中派の十八番である。

さらにラティモアは、公的声明でなんと語っていようとも「中国共産党は実際にはソ連から独立している」と繰り返しつつ、こんなふうに述べて、アメリカは、蔣介石の中国国民党政権に代わって、毛沢東率いる中国共産党政権を国連の拒否権を持つ五大国に入れるべきだと示唆した。

《(新中国政府は) 拒否権を含む国連の五大国の地位を要求するだろう。我々は、拒否権をつかってその実現を遅らせることはできるかもしれないが、台湾島が中国であるという帰謬法に依るしかないことになる》34

アチソン国務長官の朝鮮、台湾「放棄」演説

IPRがトルーマン政権に与えた影響は絶大であった。国共内戦で中国共産党の勝利が明らかになりつつあった一九四九年七月二十七日、トルーマン政権のディーン・アチソン国務長官は、アメリカの対中政策を見直すことを発表した。そして、その見直しの作業を委ねたのはなんとIPR理事長のフィリップ・C・ジェサップを含む三人の委員会であった。委員会がまだ作業中だった十月一日、毛沢東が中華人民共和国の樹立を宣言し、翌日、ソ連によって承認された。

同月初めごろ、米国務省の後援により三人の委員会は二十五人の極東専門家を招いて会議を開いた。そのうち十七人がIPR関係者だった。ラティモアらIPRメンバーが議論を主導し、以下の意見が大勢を占めた。

a．中国共産党政権の承認
b．中国共産党政権とアメリカとの正常な貿易関係促進。明らかな戦争資材以外は中国共産党への禁輸を行わない
c．日本と中国共産党政権との貿易の促進
d．中国共産党政権への経済支援
e．国民党への支援停止
f．台湾への経済的・軍事的介入を避ける
g．国民党による海上封鎖を引き伸ばすようないかなる行動も避ける[35]

gの国民党による海上封鎖とは、当時、国民党政府が中国共産党への軍事物資輸送を阻むために行っていたものである。国民党による封鎖を早くやめさせて、中国共産党と貿易促進するべきだとする意見が大勢だったということだ。

また、会議では、中国での共産党の勝利は自然で避けがたい帰結であり、それが持つ共産主義的性格は偶然にすぎないことを認めること、中国国民党は敗北したのであって、すべての勧告はこのことを事実として踏まえるべきであることが強調された。これらに加えてラテ

ィモアは、アメリカによる韓国への支援も停止するよう主張している[36]。

こうしたIPR主導の委員会報告を踏まえ、一九五〇年一月五日、トルーマン大統領は「たとえ有事が起きても台湾を支援しない」と宣言し、台湾はカイロ宣言に従って「中国」領土とされるべきだと述べた。台湾は中国共産党の切り取り自由だと宣言したのも同然である。

一月十二日には、朝鮮と台湾をアメリカの極東防衛の範囲「外」とするアチソン国務長官の有名な演説が行われた。アメリカは、韓国と台湾を守らないと示唆したわけだ。

そして五月、台湾に滞在中の米国人に対して、トルーマン政権は退去勧告を発した。

六月二十五日に北朝鮮軍（正式には「朝鮮人民軍」）が三十八度線を越えて韓国に攻め込んだとき、日本に駐留中の連合軍を除いて、ほぼがら空きだった。その日本駐留の米軍にしたところで、主力である第八軍の定員充足率は三割を切り、治安業務はおろか門衛業務すら危うい状況が続いていた[37]。

トルーマン民主党政権の親「中国共産党」政策のおかげで韓国だけでなく、台湾の命運も風前の灯火《ともしび》となったのである。

その危機に敢然と立ち向かったのが日本の民間人たちであった。

【注】

1 George C. Herring Jr., *Aid to Russia, 1941-1946: Strategy, Diplomacy, the Origins of the Cold War*, Columbia University Press, 1973, p.xiii.

2 Robert Nisbet, "Roosevelt and Stalin (I)", *Modern Age*, Spring, 1986, p.106. Robert Nisbet, "Roosevelt and Stalin (II)", *Modern Age*, Summer/Fall 1986, pp.215-216.

3 M. Stanton Evans, *Blacklisted by History: The Untold Story of Senator Joe McCarthy*, 2007, p.17, p.608.

4 たとえば、ソ連の対米工作を告発したウィテカー・チェンバーズはマッカーシーの手法に批判的だった。Whittaker Chambers, *Witness*, Regnery History, 2014, p.xx-xxi参照。

5 M. Stanton Evans, *Blacklisted by History: The Untold Story of Senator Joe McCarthy*, 2007, p.380.

6 M. Stanton Evans, *Blacklisted by History: The Untold Story of Senator Joe McCarthy*, 2007, p.380.

7 ジョン・アール・ヘインズ&ハーヴェイ・クレア著、中西輝政監訳、山添博史&佐々木太郎&金自成訳『ヴェノナ 解読されたソ連の暗号とスパイ活動』、ＰＨＰ研究所、二〇一〇年、二八八～二八九頁。

8 ジョン・アール・ヘインズ&ハーヴェイ・クレア著、中西輝政監訳、山添博史&佐々木太郎&金自成訳『ヴェノナ 解読されたソ連の暗号とスパイ活動』、ＰＨＰ研究所、二〇一〇年、一七二～一七三頁。

9 ジョン・アール・ヘインズ&ハーヴェイ・クレア著、中西輝政監訳、山添博史&佐々木太郎&金自成訳『ヴェノナ 解読されたソ連の暗号とスパイ活動』、ＰＨＰ研究所、二〇一〇年、二五七頁。

10 Thomas Sakmyster, *Red Conspirator: J. Peters and the American Communist Underground*, University of Illinois Press, 2011, pp.130-134.

11 Thomas Sakmyster, *Red Conspirator: J. Peters and the American Communist Underground*, University of Illinois Press, 2011, p.122.

12 Thomas Sakmyster, *Red Conspirator: J. Peters and the American Communist Underground*, University of Illinois Press, 2011, p.130.

13 John Earl Haynes, *Red Scare or Red Manace? American Communism and Anticommunism in the Cold War Era*, kindle version, Ivan R. Dee, 1995, Chapter 4.

14 John Earl Haynes, *Red Scare or Red Menace? American Communism and Anticommunism in the Cold War Era*, kindle version, Ivan R. Dee, 1995, Chapter 7.

15 M. Stanton Evans, *Blacklisted by History: The Untold Story of Senator Joe McCarthy*, 2007, p.208.

16 M. Stanton Evans & Herbert Romerstein, *Stalin's Secret Agents: The Subversion of Roosevelt's Government*, Threshold Editions, 2012, p.94.

17 United States. Congress. Senate. Committee on the Judiciary. *Institute of Pacific Relations: Report*. U.S. Govt. Print. Off., 1952, p.182.

18 United States. Congress. Senate. Committee on the Judiciary. *Institute of Pacific Relations:*

Report. U.S. Govt. Print. Off., 1952, p.186.

19 United States. Congress. Senate. Committee on the Judiciary. *Institute of Pacific Relations: Report.* U.S. Govt. Print. Off., 1952, p.186.

20 United States. Congress. Senate. Committee on the Judiciary. *Institute of Pacific Relations: Report.* U.S. Govt. Print. Off., 1952, p.201.

21 アメリカ国務省編著、朝日新聞社訳『中国白書』、朝日新聞社、一九四九年、一六八～一六九頁。

22 アメリカ国務省編著、朝日新聞社訳『中国白書』、朝日新聞社、一九四九年、一六六頁。

23 アメリカ国務省編著、朝日新聞社訳『中国白書』、朝日新聞社、一九四九年、三七六～三七八頁。森下修一編『国共内戦史』、三州書房、一九七〇年、五一～五八頁。

24 United States. Department of State. *The China White Paper August 1949*, Stanford University Press, 1967, pp.690-691.

25 United States. Congress. Senate. Committee on the Judiciary. *Institute of Pacific Relations: Hearings Before the Subcommittee to Investigate the Administration of the Internal Security Act And Other Internal Security Laws of the Committee On the Judiciary, United States Senate, Eighty-second Congress, First-[second] Session.* Washington: U. S. Govt. Print. Off., 1951-1952, pp.3709-3710.

26 United States. Congress. Senate. Committee on the Judiciary. *Institute of Pacific Relations: Report.* U.S. Govt. Print. Off., 1952, p.205.

27 United States. Congress. Senate. Committee on the Judiciary. *Institute of Pacific Relations:*

Report. U.S. Govt. Print. Off., 1952, p.205.

28 森下修一編『国共内戦史』、三州書房、一九七〇年、四三頁。

29 United States. Department of State. *The China White Paper August 1949*, Stanford University Press, 1967, p.652.

30 United States. Congress. Senate. Committee on the Judiciary. *Institute of Pacific Relations: Report*. U.S. Govt. Print. Off., 1952, pp.206-207.

31 Thomas A. Bisson, "China's Part in a Coalition War," *Far Eastern Survey*, vol.XII, no.14, 1943. 邦訳は長尾龍一『アメリカ知識人と極東 ラティモアとその時代』に収録、信山社、一九八五年、六七頁。

32 Owen Lattimore, *Solution in Asia*, Little Brown and Company, 1945. 邦訳は長尾龍一『アメリカ知識人と極東 ラティモアとその時代』、信山社、一九八五年、一二六頁。

33 Owen Lattimore, *Situation in Asia*, Little Brown and Company, 1949, p.162.

34 Owen Lattimore, *Situation in Asia*, Little Brown and Company, 1949, p.180.

35 United States. Congress. Senate. Committee on the Judiciary. *Institute of Pacific Relations: Report*. U.S. Govt. Print. Off., 1952, pp.211-213.

36 United States. Congress. Senate. Committee on the Judiciary. *Institute of Pacific Relations: Report*. U.S. Govt. Print. Off., 1952, pp.211-213.

37 柴山太『日本再軍備への道』、ミネルヴァ書房、二〇一〇年、七一頁。

第五章

台湾を守れ——根本博と「白団」の活躍

台湾最大の危機を救った日本人たち

蔣介石が率いる中国国民党は、日本敗戦直後の一九四五年十月以降、中国共産党との内戦を戦うことになった。当初は圧倒的に優勢だったが、一九四六年七月以降、アメリカのトルーマン民主党政権からの支援が打ち切られたことも大きく響いて劣勢になっていく。

戦争の勝敗は、資金や武器・弾薬といった軍事物資の量に大きく左右される。そして、アメリカから援助をもらえなかった中国国民党に対して、ソ連から軍事援助をもらっていた中国共産党が優勢になっていく。そして遼瀋戦役、淮海戦役、平津戦役で、それぞれ数十万の主戦力を殲滅《せんめつ》された国民党軍の敗勢は決定的となった。

国民党軍は各地で次々と敗北を重ね、一九四九年四月二十三日に南京陥落、五月十六日に漢口陥落、五月二十日に西安陥落、そして五月二十七日には上海が陥落する。

蔣介石は一九四九年一月十六日に南京から広州へ政府を撤退させていたが、持ちこたえることができず、十月十三日に重慶に撤退。翌日、広州が陥落する。その重慶も十一月三十日に陥落し、蔣介石は成都へ撤退。さらに十二月七日には、日本軍が撤退し、軍事的に空白地帯となっていた台湾への撤退を余儀なくされた。成都が陥落するのは、十二月二十七日のことである。

トルーマン民主党政権の対中国国民党「冷遇」政策によって、中国大陸は中国共産党の支配下に落ちてしまったのである。

蔣介石は台湾への撤退を、一九四八年末には覚悟していた。

息子の蔣経国を一九四八年十二月に国民党台湾省委員会主任に任じ、さらに上海に設立されていた中華民国中央銀行の金、銀、米ドルなどを台湾に移送した。ちなみに、故宮博物院の文物も、一九四八年十二月と翌四九年一月に台湾に運び込まれている。

一九四九年八月五日にアメリカ国務省が発表した『中国白書』は、中国国民党に対する軍事援助の打ち切りを公式に表明する。その二カ月後の十月一日、中国共産党政権が樹立される。

そして第四章で述べたように、一九五〇年一月五日には、トルーマン大統領がたとえ有事が起きても台湾を支援しないと宣言し、一月十二日にはアチソン国務長官が「朝鮮と台湾をアメリカの極東防衛の範囲外とする」と演説するに至る。

蔣介石と彼が率いる中国国民党、そして台湾の命運は風前の灯火であった。

この台湾の危機に際して大きな活躍をしたのが、敗戦後の日本人たちであった。特に注目すべきは、一九四九年六月に台湾に密航し、同年十月の金門島の戦い（古寧頭《こねいとう》戦役）を勝利に導いた根本博・旧陸軍中将、さらに台湾の軍隊に日本軍式の教育訓練を行った「白団（はくだん、パイダン）」と呼ばれる旧日本軍将校団の活躍である。

もし根本中将がいなければ、一九四九年十月の段階で、台湾の対岸の地、金門島は中国共産党の手に落ち、早期に台湾上陸作戦が敢行されていたかもしれない。また、白団が中国国民党軍を鍛え上げていなければ、その後の台湾と中国共産党の対峙は、さらなる困難に直面していた可能性が高い。

当時、日本は、GHQの占領下であったし、すでに一九四七年五月三日には日本国憲法が施行され、軍隊は解体され、憲法九条の下、「戦争」を禁じられていた。にもかかわらず、台湾危機は日本の危機であると考え、当事者意識を持って台湾に渡り、台湾を守ろうとした日本人がいたのだ。

いままた台湾海峡は不穏な情勢にあるだけに、いまから七十年前、台湾の危機はいかにして回避されたのか、その危機に際して憲法九条の下で日本人がどのように対応したのか、その歴史を振り返っておくべきであろう。

陸軍中将・根本博はなぜ台湾へ密航したのか

根本博が台湾に向けて、宮崎県延岡から二十六トンの漁船で出航したのは、一九四九年六月二十六日夕刻のことであった。

根本博は一八九一年（明治二十四年）六月に福島県岩瀬郡仁井田村（現・須賀川市）に生まれている。一九〇四年に仙台陸軍地方幼年学校に入学。一九〇九年に陸軍士官学校に入学し、一九一一年に卒業（二十三期）。さらに一九一九年に陸軍大学校に入学し、一九二二年に卒業している（三十四期）。参謀本部支那課支那班長、上海駐在武官、南支那方面軍参謀長などを歴任し、終戦時には内蒙古に駐留する駐蒙軍司令官の任にあった。

終戦後、ソ連軍が内蒙古に侵入してくる。根本は、武装解除命令に反して、「理由の如何を問わず、陣地に侵入するソ連軍を断乎撃滅すべし。これに対する責任は、司令官たるこの根本が一切を負う」[1]との命令を発し、ソ連軍を撃退。内蒙古にいた四万人の在留邦人を無事に日本へと帰還させた。

また終戦後に、北支那方面軍司令官であった下村定が東久邇宮内閣の陸軍大臣になったため、八月十九日には駐蒙軍と北支那方面軍の司令官を兼任することとなる。中国大陸にいる自らの部下三十五万人と管轄地区の在留邦人の引揚げ責任者となったのだ。

その任を果たした根本は、蔣介石に恩義を感じ、蔣介石が国共内戦で追い詰められた一九四九年に、その恩義に報いるべく、台湾行きを決断したのだった。

根本が蔣介石に恩義を感じたのは、一つは一九四三年に米英中の首脳が集まって開かれたカイロ会談の場で、蔣介石が天皇を擁護する論陣を張ってくれたこと、もう一つは、戦後の中国大陸からの引き揚げについて、蔣介石が寛大な態度を取ってくれたことであった。

根本は前者の動機について、次のように書いている。

《私が何故、こんなに渡航をあせったかといえば、昭和二十年の終戦当時、私は自殺を決心していたのだが、部の統率や送還法人の送還等の責任上、それを決行する機会が無く部下や邦人の送還業務の終了までこれを延期していた。

ところが昭和二十年十一月北京に来た中国の海軍少将で「カイロ」会議に蔣介石に随行した人から詳しく「カイロ」会議の内情を聞かされ、日本の天皇制の存続が蔣介石によって擁護されたものであることの事実を知り、感激のあまり、その肉体を自殺の愚に落すよりも、むしろ蔣介石に献上して生かして彼の役に立たせた方がかえって有効であると、遂に自殺の意思を放棄した。

しかしながら戦犯でも何でもない高級武官が中国に残ることは、当時の情勢としては許されないので一旦は帰国するが、もし蔣介石に何か難儀な事が起こったならば必ず走せ向って彼の為には犬馬の労を辞せないという堅い決意を持って帰国したからである》[2]

根本が、カイロ会談での蔣介石の発言を知り、大いに感銘を受けたことがわかる。蔣介石はカイロ会談で、次のように主張したのであった。

《「日本の軍閥がまた立ち上がり、日本の政治に二度と関与することのないよう徹底的に取り除かねばならないが、日本の国体をどうするかについては、日本の新進のしっかりとした考えを持つ人々に自ら解決させるのが望ましい。我々は日本国民が自由な意志で自分たちの政府の形を選ぶのを尊重すべきである」（「中華民国三十三年元旦告全國軍民同胞書」より）》[3]

日本国民の自由な意志で国体（国のしくみ）の選択がなされるならば、天皇と皇室が廃止されるはずがないことを、蔣介石は重々理解していたはずである。カイロ会談で蔣介石がこのように発言したことが、天皇と皇室が維持される決定要因となったわけではないが、一つの契機となっていることは否定できない。

当時、根本ばかりでなく、本章の後半で論じる岡村寧次（終戦時に支那派遣軍総司令官）をはじめ、このことについて蔣介石に感謝する日本軍人は数多かった。そして天皇と皇室があればこそ、戦後の日本の危機が救われたことは拙著『日本占領と「敗戦革命」の危機』（PHP新書）でも詳述したとおりである。

蔣介石との約束を果たすために——無念とアメリカへの苛立ち

終戦後、北支那方面軍司令官兼駐蒙軍司令官となった根本は、一九四五年十二月十七日に蔣介石に面会している。その折のことを、門田隆将氏の『この命、義に捧ぐ』は、根本の手記を引きながら次のように描写している。

《根本が部屋に入っていくと、蔣介石は、武官長官の商震《しょうしん》上将、戦区司令長官の孫連仲《そんれんちゅう》上将など高官を立たせたまま、根本の手を取り、椅子に座らせた。

「今でも私は東亜の平和は日本と手を握って行く以外にはないと思うんだよ」

蔣介石は、そう口を開いた。

「今まで日本は少々、思いあがっていたのではないだろうか。しかし、今度はこれで私たちと日本は対等に手を組めるだろう。あなたは至急、帰国して、日本再建のために努力をして欲しい」

ねぎらいの言葉と共に、蔣は、諭すように根本に語りかけた。その態度には、戦勝国代表の驕りは微塵《みじん》も感じられなかった、と根本はのちに回想している。

根本は感謝の言葉を蔣介石に述べた後、こう答えた。

「しかし閣下、私は三十五万の兵を残して先に帰国することはできません。北支那方面軍の司令官として、私は戦争の責任を問われなければなりません」

自ら北支那方面軍のトップとしての戦争責任を取ろうとする根本に、蔣介石は首をゆっくりと横に振った。

「戦争犯罪人の処罰は、連合国の申し合わせだから仕方がない。しかし、いたずらに多数の戦犯を摘発し、日本の恨みは買いたくない」

そう言うと、蔣介石はさらにこう続けた。

「戦争である以上、罪は双方ともが犯している。だが、連合国からの強い要請もあるので、戦争以外のことで最も悪質なことをやった者だけにしぼって、戦犯として処理したい。中国側の責任者についても、その点、十分の注意を与えているつもりだが、もし日本側に不満があれば、遠慮なく申し出てください」》[4]

この言葉に対して根本は、「東亜の平和のため、そして閣下のために、私でお役に立つことがあればいつでも馳《は》せ参じます」と答えたという[5]。

蔣介石が終戦後に日本に示した寛大な態度、さらにこの折の蔣介石との面談の記憶。それらは、根本の心の深くに強く刻まれることとなった。

それゆえにこそ、一九四六年八月、日本に帰国した根本は、国共内戦の状況に心を痛め、さらにアメリカ、トルーマン民主党政権への怒りを募らせることになるのである。

その状況を門田氏は次のように描いている。

《根本が衝撃と共に怒りを感じたのは、アメリカに対してだった。国共内戦が本格化した一九四七年暮、アメリカのG・マーシャル元帥は、総統の蔣介石のもとを訪れ、「共産党との合同政府を作ったらどうか」と、勧告したことがあった。

蔣介石はもちろん拒否したが、これに対してマーシャル元帥は、中華民国憲法の「総統に事故ある時は副総統がその職務をおこなう」という規定を利用して、のちの李宗仁副総統に総統の職務を「代行」させる動きを本格化させたのである。

根本には、アメリカのその認識の甘さが信じられなかった。

一九四九年四月、国共代表による、いわゆる北京会議が開かれたが、それは共産軍が揚子江を渡河するための時間かせぎに利用されただけだった。

揚子江の渡河作戦が成功するや、会談は反故《ほご》にされた。共産軍の怒濤《どとう》の進撃はとどまるところを知らなかった。

根本のもとには、かつての仲間たちから国際情勢のそういう情報と分析が、次々ともたらされていた。無念の思いと苛立ちが相俟《あいま》って、根本は、居ても立ってもいられなかったのである》[6]

かくして根本は、終戦時に交わした蔣介石との約束を果たすべく、行動を開始する。

根本は趣味で蒐集《しゅうしゅう》していた書画や骨董《こっとう》を売りさばくなどして資金作りをしていく。

そしてさらに明石元二郎（日露戦争における諜報活動で活躍したのち、第七代台湾総督）の長男である明石元長や台湾人の有志、さらにかつての部下たちの助けを借りて、遂に台湾への密航を決行したのであった。

しかし、一九四九年七月十日に台湾に到着した根本たちは、台湾の官憲に逮捕され投獄されてしまう。根本たちは「自分たちは共産軍との戦いのためにやってきた日本の軍人である」と訴えつづけ、ようやく二週間後にそのことが台湾の警備司令、副総司令の耳に届き、釈放される。晴れて蔣介石との面談がかなったのは八月中旬のことであった。

金門島・古寧頭戦役で中国共産党軍を殲滅

蔣介石との面談で、根本博は「近日中に湯恩伯（引用者注：中国国民党軍の将軍）が福建方面に往くが、差し支えなかったら湯と同行して福建方面の情況を観てくれないか」と依頼される[7]。

ここでいう福建とは厦門《アモイ》、そして金門島を意味している。

台湾から海を隔てて二〇〇キロメートル余の対岸にある厦門は、アヘン戦争の折にイギリス軍により占領され、南京条約での開港地となり、イギリス租界が置かれて、商都・港湾都市として発展した町である。

そして金門島は、その沖合数キロに浮かぶ島である。現在、金門県は大金門島、小金門島はじめ十二の島で構成されているが、島嶼《とうしょ》を合わせた総面積は一五〇平方キロ。この面積は日本の奥尻島や小豆島とほぼ等しい。

この地を視察した根本は、厦門を放棄して金門島で共産軍を迎え撃つことを進言。それに沿って、金門島に主力部隊を配置する迎撃計画を立案していった。のみならず根本は、島内をくまなく巡視し、陣地の構築や飛行場の開設など必要な手を次々と講じていった。

根本の作戦は、共産軍を金門島に上陸させ、そのうえで兵員を輸送してきたジャンク船を焼き払い、孤立無援となって混乱した敵軍を一挙に殲滅することを狙うものであった。

一九四九年十月二十五日早朝、砲撃の支援を受けつつ人民解放軍（一九四七年以降、中国共産党は自軍のことを「人民解放軍」と呼ぶようになったことから、本書でもこれ以降、この表記を使用する）が上陸してくる。「古寧頭戦役」の幕が切って落とされたのである。

国民党軍の本格的な反撃は、かねてからの計画どおり、人民解放軍が上陸を終えたあとのことであった。夜明けとともに国民党が配備していたアメリカ製のM５A１軽戦車が出撃する。

国民党軍は上陸した敵を誘い込み、次々に包囲、殲滅していった。歩兵主体で上陸してきた人民解放軍に対して、M5A1軽戦車は圧倒的な威力を発揮した。この戦車は〝金門の熊〟との異名を取ることとなる。

そして、根本の作戦計画どおり、人民解放軍の上陸に用いられたジャンクの大半は焼き討ちされ、破壊された。

《敵が海岸にジャンクを乗り付けて上陸する時、海岸に穴を堀《ママ》って匿《かく》れていた者は、敵兵が海岸を離れて前進したら直ぐにジャンクを襲撃して帆と舵と櫂に石油をかけて焼き、ジャンクが敵岸に帰れないようにすることを計画させていたが、それが実行され、敵の後続隊輸送を阻止する計画が相当成果を挙げたことを確認して先ず安心した》8

これにより、人民解放軍は援軍を金門島に送ることも、また金門島の部隊を退却させることも不可能となった。

さらに、上陸部隊を支援すべく砲撃してくる対岸の人民解放軍の砲兵陣地に対しては、台湾から出撃した航空機部隊が爆撃を加え、沈黙させていく。

この戦いを指揮する湯恩伯は、根本にこう感謝したという。

《「有り難う〳〵。先達て配備を変更させて待っていた所へやって来たので総て予定通りにやっている。根本閣下の判断と計画のお蔭げだ」》[9]

遂に、残存の敵上陸部隊は古寧頭村の北山集落に追い詰められ、包囲された。だが、ここで人民解放軍は村人を盾として抵抗を続けた。

このままでは村民に多くの犠牲が出る。根本は村民の一般民衆の多くを犠牲にする掃討作戦を否定し、次のような作戦を提案した。

《古寧頭の背後に進入した戦車は全部後退させて古寧頭から北方海岸への敵の退路を開く、全戦車と砲兵を古寧頭南方地区に集めて古寧頭を南方より猛攻する。これによって敵を日没後北方海岸に後退させる。砲艇を日没後敵の後方海上に入れ海岸に後退したる敵に背射を加えて陸上と協力して敵を殲滅する》[10]

この作戦も的中し、その後の戦況は根本の計画どおりとなった。海岸に追い詰められた人民解放軍は腹背からの猛攻に直面し、降伏を余儀なくされた。

この戦いでの人民解放軍の死者数は定かではないが、古寧頭戦史館によれば、上陸した人民解放軍は約二万人、うち死者は一万四千人、捕虜は六千人と推定され、一方、国民党軍の戦死者は千二百六十九人、負傷者は千九百八十二人であったという[11]。

主力部隊を殲滅された人民解放軍の、この方面における進撃の足は止まった。一気呵成に台湾へ侵攻せんとする毛沢東の野望は、捨て身で台湾に密航した根本博の活躍により挫かれたのである。

もちろん、この殲滅戦により、台湾の危機が去ったわけではない。

先述のように、アメリカのトルーマン大統領やアチソン国務長官が台湾を放棄するかのごとき方針を明確に打ち出したのは、この古寧頭戦役の二カ月あまりのち、翌一九五〇年一月のことであった。人民解放軍も侵略計画を着々と進めていた。

だが、結果から見れば、人民解放軍の侵略をここで足踏みさせたことが、台湾の命運に決定的な影響を与えることになった。

その直後、中国共産党政権が台湾「侵略」を断念せざるをえない事件が起こったからだ。

一九五〇年六月二十五日に北朝鮮の侵略によって開戦した朝鮮戦争である。その経緯は第七章で見ていきたい。

「白団」はいかにして結成されたか

台湾を救った旧日本軍人は、根本博ばかりではない。

本章の冒頭で紹介した「白団」による台湾軍への軍事指導も大きな役割を果たしている。根本は個人的な意志によって密航した例であるが、「白団」は、中国国民党政府と旧日本人将官との合意によって成立した、極秘ではあるが半ば公的な活動であった。

中村祐悦氏の『新版　白団』（芙蓉書房出版）が結成当日のことを次のように描いている。

《一九四九年（昭和二十四年）九月十日、東京高輪にある小さな旅館の一室に、日・中（国民政府）合わせて一六名の男たちが集合していた。彼らのほとんどは陸軍大学校を卒業し、終戦時には大佐や中佐の階級で、軍隊・官衙のなかで枢要な地位にあった高級将校である。

（中略）

彼らは約二か月前から極秘のうちに連絡を取り合い、密かにこの日を迎えたのである。旅館の外には王亮という中華民国大使館員の一人が、アメリカ軍の臨時検査を防ぐために見張り役を務めていた。

密室の中では、国府軍側から曹士澂少将（陸士四十期卒）と陳昭凱大佐が、日本側からは終戦時の支那派遣軍総司令官であった岡村寧次（大将）と小笠原清（中佐、支那派遣軍参謀）と、後に「一七人組」と呼ばれるようになる富田直亮（少将、第二十三軍参謀長）を筆頭とした一二名の錚々《そうそう》たる面々がそろい、白団の盟約が取り交わされようとしていた》[12]

「アメリカ軍の臨時検査を防ぐため」というのは、こうした日本と中国国民党（台湾）との会合は、マッカーサー率いるGHQの許可を得ていなかったからだ。

国民党側でこの「白団」結成を発意したのは、曹士澂であった。彼はその動機を次のように回想している。

《「私は正式な日本将兵を召集し、国際反共同盟を組織して、共産党に反撃することを考えた。そして、日本人による軍事顧問団を編成して台湾へ派遣し、作戦を援助させることを計画した」》[13]

一九四九年五月二十五日、曹士澂は日本に派遣される。彼は七月に入ってから岡村寧次と面談し、この計画を打ち明けた。

実は岡村と曹士澂は、中国での日本軍の降伏以降、深い関わりを持っていた。岡村は一九四八年三月二十八日（岡村が南京から上海へ移る前日）の日記に次のように記している。

《曹士澂少将来訪、同氏は最初は何応欽総司令部の参謀としてその後は国防部第二庁副庁長兼第一処長、戦犯処理委員会主任として日本人のために尽力し、最近は日本人戦犯や留用者について同情的態度を以て処理に当り、殊《こと》に私が一人ぼっちになってからは格段に配慮してくれたので、当方から往訪して謝意を表すべき筋合いのものであるが、私が病臥《びょうがちゅう》中なので先方からわざわざ来てくれたものであった。

私は日本人としてまた個人として衷心から満腔《まんこう》の謝意を述べておいた》[14]

そんな曹士澂からの提案でもあったから、岡村からすれば大いに心を動かされたところもあったのであろう。岡村はすぐに賛同して、「この際、日本、アメリカ、韓国、フィリピンによる反共防衛軍を作るべきだ」[15]と主張し、短期的な顧問団（二十〜二十四名規模）と、大規模な国際連合軍の構想を提案した。

七月十三日、曹士澂は、この岡村の提案書を蔣介石に報告した。蔣介石は「国際連合軍構想は状況的に困難だろう」との見解を示したが、顧問団の結成には賛成し、招聘《しょうへい》する人数（十七〜二十名）、兵種、兵科、学歴、健康などについて細かい指示を下したという。

曹士澂は七月末に再び日本を訪れ、蔣介石の親書を岡村寧次に手渡した。早速、顧問団のメンバーの選考が重ねられ、九月十日の結団の日を迎えたのであった。この日、次のような盟約文が掲げられた（原文は○字部分が伏せ字となっていた）。

《赤魔は、日を逐《お》って亜細亜《アジア》大陸を風靡《ふうび》する。平和と自由とを尊び○○（中日）提携の要を確認する○○○○（中日両国）同志は、此の際亜東の反共聯合《れんごう》、共同保衛のために蹶起《けつき》し、更に密に協力して防共に邁進《まいしん》すべき秋である。

茲《ここ》に、○○（日本）側同憂相謀《あいはか》り欣然《きんぜん》として赤魔打倒に精進する○○○○○○（中華民国国民政府）の招聘に応じ以て○○（中日）恒久合作の礎石たらんことを期する》[16]

支那派遣軍総司令官・岡村寧次が感じた「恩義」

岡村寧次が蔣介石のために一肌脱ごうと考えたのも、根本博と同じく、終戦時の蔣介石、そして国民党軍の態度に感謝していたからであった。

たとえば、一九四五年九月九日、日本軍の中国総司令部が置かれていた南京で行われた降伏調印式の折のことを、岡村は次のように回想している。

《恐らく米軍側のアドバイスに因るものと想われるが、投降者の敬礼を規正した。即ち何応欽総司令官に対し式場に着て直に一回、小林総参謀長が何総司令から降書を受領するとき一回、私の署名調印した降書を小林総参謀長が何総司令に捧呈するとき一回と、都合三回敬礼するよう規定され、これに対し中国側は一切答礼しないことになっていたのであるが、この三回目の小林総参謀長が降書捧呈の際の敬礼に対し、何総司令は思わず起立して答礼してしまったのである。かねて知友としての温厚な人柄を識る私は、やはり東洋道徳かなと思ったことであった》[17]

また、日本人に対する国民党側の態度について、岡村は次のように記している。

《終戦直後における中国官民のわれら日本人に対する態度は、大体において予想外に良好であった。その大まかな民族性にも因《よ》るだろうが、その最大の原因は、広く伝わっている蔣介石委員長八月十五日の『怨に報ゆるに徳を以てせよ』の放送演説であろうと思う。(中略)

この演説を、当時ソ連のスターリンが『日露戦争の仇を討った』と声明したのに較べてみれば、まるで較べものにならない高邁寛容な思想と言わねばなるまい。この思想、この大方針が、後述するように接収において降伏手続きにおいて、戦犯問題において、すべて中国側官民の日本人に対する態度の基礎になったのだと思う。

この大方針は大体に於て遵守せられたが、末梢《まつしよう》軍民に於ては徹底を欠き小トラブルの起きたのも少くなかった。地方雑軍の中には、恣《ほしい》ままに武器を要求したり、金銭物品の提供を強要したり、無実の罪を造って拘禁するなど、非行を敢《あえ》てするものもあった。

蔣介石委員長は日本人の最も密集していた北京(約十万)、上海(約十万)には、夫々《それぞれ》その直系の精鋭である胡宗南軍、湯恩伯軍を配置したので、これ等の地区では殊に前記大方針が徹底し、円満に接収、引揚等の業務が運行せられた。

その外の地区でも大体好意が示された。漢口においては重陽節の旧暦九月九日、月餅を満載したトラックが中国軍司令部から日本軍司令部に贈られた。
ただ中共軍（引用者注：中国共産党軍）は、前述のように国府軍（引用者注：国民政府軍＝国民党軍）と相剋《そうこく》が始まっていたことでもあり、中共勢力範囲内では、この大方針は無関係であったようである》[18]

ちなみに、岡村が繰り返し言及している蔣介石の放送演説のうち、「怨に報ゆるに徳を以てせよ」という内容を表明した部分は、次のようなものであった。

《我々が一貫して叫んできたことは、ただ日本の好戦的軍閥を敵とし、日本人民を敵とは認めなかったことである。今日敵軍は盟邦の協力によりて打倒された。我々は当然彼が一切の投降条件を忠実に履行するよう厳重に之を求めるものである。併《しか》し我々は決して報復を企図するものではない。また敵国の無辜《むこ》の人民に対してはなお更汚辱を加えんとするものではない。我々はただ彼らがナチ軍閥に愚弄《ぐろう》され、追い使われたことに対して憐憫《れんびん》を表示し、彼等をして自ら錯誤と罪悪を正しめんとするものである。

若《も》しも暴行を以って従前の暴行に報い、汚辱を以って従前の優越感に答えるならば寃と寃と相報い永く止まるところはない。これは決して我々仁義の師の目的ではない。これは我が軍民同胞の一人一人が、今日特に注意しなければならない》[19]

岡村の見るところ、国民党政府内において、この方針は、一部の例外はあったものの、おおむね貫徹されていた。そして日本軍も、これに応えて自発的に武装解除を行うなど、秩序を保って行動した。それによって、二百万人の軍人や在留邦人が一年以内に日本に帰国することが可能となったのである。

また、「戦犯」に対する処置も寛大であり、岡村自身、それに大いに助けられたのであった。当然、支那派遣軍総司令官であった岡村寧次は、これら蔣介石ならびに国民党の措置に、深い恩義を感じていたのであった。

中国国民党側の動機と期待

一方、受け入れ側となる中国国民党側の反応はどうであったか。

まず何より、日本軍への期待が大きかったのは、将校たちのなかに、日本で軍事教育を学んだ経験を持つ者がいたからである。

曹士澂自身、陸軍士官学校に留学している（四十期卒）。そもそも蔣介石自身が、日本で軍事教育を受けた一人である。蔣介石は一九〇八年、東京振武学校（陸軍士官学校への入学を希望する清からの留学生の準備教育を目的として設立された学校）に留学（第十一期）。その後、日本陸軍に隊附士官候補生として勤務し、第十三師団（新潟県上越市）で実習を受けたのだった。しかも日本軍との長い戦いを通じて、日本軍の軍事教育の優秀さは熟知していた。

戦前、蔣介石は日本軍に対抗すべく、ドイツから軍事顧問団を招き、虎の子の精鋭部隊の訓練に当てた。だが、支那事変から国共内戦に至る長い戦いのなかで、その蓄積はすでに摩滅していた。また、国民党軍の実態は、国民党直属の兵力のほかに各軍閥の兵力も寄せ集めたものであった。

ただでさえ系統だった軍事教育を受けていない将兵ばかりであることに加え、戦いに次ぐ戦いで、軍事教育をまともに施すゆとりすらなかった。

さらに、国共内戦で次々と主力部隊を殲滅されてしまったこともあり、軍の再建は急務だったのである。

しかも、国共内戦で中国国民党軍が敗北を喫した背景の一つに、アメリカの軍事顧問団の悪しき指導があった。根本博は、湯恩伯の次のような嘆きを記録している。

《「中国では先年不用意なことをやった。それは陳誠参謀総長の時にアメリカ顧問団の勧告を容れて国府軍を一元化すると言うて、従来の系統や個人関係を全部断ち切ってバラ〳〵にして、全く未知の指揮官の隷下に入れた。東北（満洲のこと）京津、徐州、長江等の戦線に於て国府軍の戦力の出なかった一つの原因は確かに此所にあると思われる」》[20]

現場を無視したアメリカ軍事顧問団の部隊再編成の指導のために、かえって混乱を招いてしまったというのである。もともとが寄せ集めである軍隊の組織編制を、さらにバラバラにされてしまったら、勝てる戦いにも勝てなくなるはずである。

かくして戦う態勢を失ってしまった軍隊を立て直すために、日本軍高級将校による軍事教育への期待は、極めて大きいものとなったのである。

蔣介石が日本軍人による教育に何を期待していたかについて、曹士澂は次のように語ったという。

《「アメリカは武器はすばらしいけど、すべて金持ちの戦法だ。だから、演習でもボンボン撃つ。日本だったら五発きりですよ。しっかり狙いを定めて。総統さんは、われわれは中共軍から追われて台湾に退却し、兵力も少ないし兵器も金もない。だから贅沢な教育ではなくて、貧乏な国の教育でなければならないという信念があった」》[21]

実際に、当初、アメリカ式に訓練されていた中国国民党軍の少佐と、白団の日本人教官とのあいだで、訓練方法についての激しいやり取りもあったという。

《中国側としては、とにかく弾薬はいくらでもあって、弾丸の絶対量で制圧するというアメリカ式の考え方であった。ところが、実際には十分な兵器も弾薬もないのにそんな戦争ができるか、というのが日本の教官の主張だった》[22]

アメリカからの軍事的支援が削減されたばかりか、軍需物資の支援・輸入さえ禁じられ、弾薬にも事欠く状態で共産軍と戦い、大敗北を喫せざるをえなかった蔣介石としては、たとえ軍制がアメリカ式であったにせよ、軍隊の根本の精神においては、物資窮乏下でもなお勝ち抜かんとする日本軍のあり方を導入したかったのかもしれない。

最初に台湾へ渡った「白団」の団員たち

一九四九年九月十日の「白団」の結団式に集まった団員たちは、早速、台湾への密航準備に入った。

蔣介石が認めたプロジェクトとはいえ、日本はGHQの占領下だ。敗戦国である日本の旧軍人たちが大挙して台湾に渡ることなど許されるはずもない。

そこで鹿児島から密航するべく手はずが整えられ、メンバーも鹿児島に向かったのだが、ここで問題が起きる。同年六月から七月にかけて台湾に密航した根本博の動きが（「白団」とはまったく別の動きだったが）、九月ごろにマスコミに露見し、騒ぎになってしまったのだ。そのため九州各地の港湾の警備も厳重になり、容易に渡航できなくなったのである。

結果的に、第一陣として団長の富田直亮らが、身分をGHQの情報員と偽って飛行機で香港経由で台湾に向かい（十月二十八日出発）、続いて二名が十一月四日に出発、そして残りの十二名は、十二月三日に横浜港を出港し、途中、日本の警察の臨検の目をかいくぐり、香港経由で台湾に到着したという[23]。

出発日順にメンバーを並べると次のようになる。

［昭和二十四年（一九四九）十月二十八日］
富田直亮（白鴻亮／陸士三十二期・陸軍少将）
荒武國光（林　光／中野学校・陸軍大尉〈情報〉）
杉田敏三（鄒敏三／海兵五十四期・海軍大佐〈作戦〉）

［昭和二十四年十一月四日］
酒井忠雄（鄭　忠／陸士四十二期・陸軍中佐〈歩兵〉）
藤本治毅（黄治毅／陸士三十四期・陸軍大佐〈憲兵〉）

［昭和二十四年十二月三日］
岡本覚次郎（温　星／陸士三十二期・陸軍大佐〈通信〉）
鈴木勇雄（王雄民／陸士三十六期・陸軍大佐〈情報〉）
内藤　進（曹士進／陸士四十三期・陸軍中佐〈航空〉）

佐々木伊吉郎（林吉新／陸士三十三期・陸軍大佐〈砲兵〉）
伊井義正（鄭義正／陸士四十九期・陸軍少佐〈航空〉）
酒巻益次郎（謝人春／陸士四十九期・陸軍少佐〈戦車〉）
岩上三郎（李徳三／陸士四十三期・陸軍少佐〈砲兵〉）
守田正之（曽正之／陸士三十七期・陸軍大佐〈歩兵〉）
坂牛　哲（張金先／陸士四十三期・陸軍中佐〈砲兵〉）
市坂信義（周祖蔭／陸士四十三期・陸軍中佐〈空挺〉）
本郷　健（范　健／陸士三十六期・陸軍大佐〈戦史〉）
河野太郎（陳松生／陸士四十九期・陸軍少佐〈航空〉）
24

括弧内の中国名は、メンバーそれぞれの台湾での変名（仮名・化名）である。団長の富田直亮の変名が「白鴻亮」だったことから、「白団」と称されるようになった。

富田直亮は一八九九年（明治三十二年）に熊本で生まれ、一九二〇年（大正九年）に陸軍士官学校を卒業（三十二期）。その後、陸軍大学校（三十九期）、東京外国語学校、米国留学を経て、参謀本部部員、朝鮮軍参謀、陸軍大学校教官などを歴任し、終戦時には少将で第二三軍（旧南支那派遣軍・広東に駐留）の参謀長を務めていた。経歴的にも、中国での経験的にも団長にふさわしかった。

小笠原清（元中佐。岡村寧次の下で支那派遣軍参謀を務め、戦後は「白団」結成に尽力。「白団」が台湾に渡ったあとは、日本での後方支援業務の中核を担った）は、富田が団長になった経緯を次のように記している。

《まず団長の要員だが、「自分の健康が許すならばオレは直ちに参加して協力したい」と岡村さんがいわれても、もとよりそれは不可能。そこで話をもって行ったのが富田少将だったのである。富田さんは先述のとおり、南支……国府軍が持久を策した地区を熟知しておられるため、いっそう適任と考えたわけだ。両将軍は旧知の間柄である。話はすぐ通じ、意見は一致した。富田さんは「よし、やりましょう」と明快に応《こた》え、岡村さんは「おれが病気中なんで、ひとつ名代《みょうだい》でやってくれたまえ」といわれたのである》[25]

先述のように十月二十八日に日本を発った富田は、十一月三日には台北草山で蔣介石に接見。さらに十月十七日に重慶に向かい、重慶近郊での中共軍との戦いの作戦指導を行うも、すでに戦いの大勢は決していた。十一月二十八日に台湾に帰還。そして、あとからやってきた白団の団員たちと台湾で合流したのである。

一方で、こうした動きが露見しないはずもなく、十一月十二日、参議院本会議にて日本共産党の細川嘉六議員が「台湾その他国民党軍へのいわゆる日本人義勇軍の参加問題に対する御所見はどうか」と追及したが、吉田茂首相は「国民軍に日本人の義勇軍が参加したという噂は聞いておりますが、従って政府としてはその噂が事実なりや否や厳重に今取調中であります。もし密航等の事実があれば処罰いたします」と、しらばっくれている。

当然のことながらGHQ側にも知るところとなり、岡村がGHQの喚問を受けた。GHQは吉田首相にも問い合わせたはずだが、おそらく「何が悪い」と開き直ったのだろう。結局、白団の活動は黙認され、その活動は本格化していく。

台湾軍を再建した元日本軍将校たち

台湾に渡った「白団」メンバーが教育活動を行う場として、台北市の基隆河岸の円山に「革命実践研究員円山軍官訓練班」が設立されたのは、一九五〇年二月一日のことであった。朝鮮戦争勃発のわずか半年前のことだ。六月六日には「円山軍官訓練団」と改称し、その団長には蔣介石が就任した。
蔣介石は一切の訓練は歩兵各個教練からやり直し、部隊の士気と反共精神を高めることを第一とするよう指示し、次の四つの柱からなる教育構想を示唆した。

第一段　台北の大直営区で円山軍官訓練団を設立して、一般の高、中、下各階級の軍官の短期訓練を行う。目的は各級軍官の、精神的団結と学術向上をねらって精神と学術の二方面から徹底教育する。
第二段　実験部隊を設立し、白団から一〇数名規模の教官を派遣。部隊と共同生活しながら教育する。精神、学術的に円山の教育訓練と一致させる。
第三段　日本の陸軍大学同様の性格で、高級、中級将校を対象に長期の軍事教育を行う。また、教育によって学生の才能を啓発し、優秀な教官などの人材育成を行う。
第四段　台湾全島の軍、公、民間各機関を統合した動員体制を整備する。[26]

もちろん、教材もない状況下である。白団の団員たちは、東京から日本軍の『歩兵操典』などを取り寄せて教育を行った。小笠原清は次のように書いている。

《蔣総統のこの訓練所に対する関心もなみなみではなかったようだ。しばしば訪れては、敗退後の各級指揮官に対し激励するとともに、我々の同志（引用者注：白団の団員）にもねぎらいの言葉をかけられた。（中略）

同志たちは総統はじめ国府側の熱意に感激して、鋭意、努力をかさねた。仕事は昔とったキネヅカである。

敗退後の軍隊の指揮官に対する再教育といっても、自信と信念とを植えつけ、再起の力をもたせるということが根幹だったと思われる。二カ月に一期、約百余名を教育、年に数百名の指揮官が、ここで再出発したわけである。

蔣介石総統の企図したことは、兵器類は米国からの援助によって再整備するが、士気は旧日本軍の筋金入りの気迫でカツをいれる――というものであったろうと察せられる。「異国の同志まで再建に加わっている」という事実が、彼ら指揮官の励ましになったのではあるまいか》[27]

中村祐悦氏によれば、白団の教育を受けた学生数は、普通班（一部少佐と大尉、中尉、少尉が中心）が一九五〇年五月〜一九五二年一月まで、全十期（一期は二カ月）で四〇五六名。高級班（大佐や少将以上）が、一九五一年四月から一九五二年六月まで、全三期（一期は三カ月半）で六四〇名（傍聴一六一名）だという。さらに白団は、一九五〇年六月、七月、九月に台湾北部、中部、南部で三回の「陸海空聯合演習」も実施している[28]。

朝鮮戦争勃発後、台湾放棄から台湾重視へと政策を転換させたトルーマン民主党政権は、一九五一年五月、アメリカの正式な軍事顧問団を台湾に派遣した。その二代目の団長となったW・C・チェイス（終戦時、米軍第一一軍団第一騎兵師団少将）は、白団の噂を耳にして国民党に「さっさと全員帰国させろ」と猛抗議を行った。だが、蔣介石は次のように反駁《はんばく》したという。

《「あの人たちはアメリカがわれわれを見捨てた時期に助けにきてくれた。いわば、大陸から一緒にきた同志のようなものだ。それをいまさら見捨てて帰すことなど絶対にできない」》[29]

その後も、白団による活動は高級幕僚教育を中心としながら、石牌実践学社、陸軍指揮参謀大学などに場所を変えつつ、なんと佐藤栄作「自民党」政権の一九六八年の十二月まで実に十八年間も続いた（佐藤栄作政権の次、田中角栄「自民党」政権になると、中国共産党政権との国交樹立の動きが生まれ、台湾との関係は途絶えることになった）。

最終的に台湾に渡った白団の団員は八十三名にのぼった（八十三名のうち二名のみ一九五二年に、他のメンバーは一九五一年までに台湾に渡っている）。

台湾を戦える国、負けない国にするために

白団の成果はどのようなものであったのだろうか。

白団結成に主導的な役割を果たした曹士澂は次のように語っている。

《「まずもっとも重要な点は、日本式の徹底的な精神教育によって負けた軍隊の士気があがったんです。黄埔軍官学校（引用者注：孫文が一九二四年に広州に設立した中国軍の士官養成学校。その後、戦争の推移により南京、成都と移転し、一九五〇年には台湾で陸軍軍官学校として再建された）の精神がそれでよみがえったし、軍隊としての団結心も強くなった。負けただけでなく貧しい軍隊でしたから、同じように貧しかった日本の教育が一番あっていたのです。それからいろんな演習によって、さらに自信がついた。反登（上）陸作戦もやったし、逆に

登（上）陸作戦もできるようになったんです。

総統さんは、評価が明快にわかる演習をとても重要視していた。白団は、その要求に的確に応えてくれました。

また戦術戦略の教育を、われわれ中国では十分にやる暇がなかった。孫文さんの革命以来、ずっと戦争ばかりでしたから兵士は二週間ぐらい訓練したらすぐ実戦なんです。それが、白団によってほんとうに正式な軍事教育を受けることができた。白団の教育を受けた者たちは、いまでもそれを誇りに思っていますよ」》30

また、動員制度の整備でも、白団は大きな役割を担った。動員とは、戦争が起きた場合、軍隊を平時の編制から戦時の編制に切り替えるとともに、工場や輸送手段なども政府の管理下に置いて、有事即応体制をとることである。

これには兵役の制度をどのようにするか、予備役や退役軍人の体制を（訓練なども含め）いかに整えるか、さらに産業界や運輸業者などといかに折衝するか、など多面的な要素が含まれるが、白団の団員たちはそのシステム整備も手がけたのである。

この点についても、曹士澂は次の言葉を残している。

《「昔は動員なんかわからなかったですよ。白団の協力によって人的動員、工業動員、自動車動員などが整備されて、総統閣下は大喜びでした。おかげで、現在の台湾は動員下令が行われれば、二四時間以内に二〇〇万以上の軍隊が編制できるのです」》[31]

まさに白団は、台湾（正式には「中華民国」）を戦える国、中国人民解放軍に負けない国にするべく奮闘し、大きな成果を残したのである。

《「白団を通じて、戦後までは考えられなかった日華の兄弟関係が確立できたと思う。ただ軍事だけではなくて、本当の意味で日華親善合作ですよ」》[32]

曹士澂のこの告白は、白団の成果を示してあまりある。

日本敗戦後、アメリカのトルーマン民主党政権は「同盟国」である中国国民党政府を見捨て、中国大陸だけでなく、台湾も中国共産党の支配に落ちるところであった。

その危機を救おうと動いたのが、敗戦後、それも軍隊の保有を禁じた憲法九条を押しつけられた日本の元軍人たちであったのだ。

確かに、日本は戦争に敗北した。

しかも蔣介石はソ連と手を結んで反日を煽り、日中戦争を長期化させた張本人であった。戦後、中国で開催された「戦犯」裁判で、いわゆる南京大虐殺を宣伝し、日本「悪玉」史観を世界に宣伝したのも、蔣介石たちである。

だが、それでも、当時の日本の元軍人たちは、日本とアジアの平和と自由を守るため、台湾に渡った。トルーマン政権やGHQにはなんら許可をとらずに、だ。よって発覚すれば、処罰されることも覚悟のうえのことである。

なんという勇気、なんという判断力、なんという実行力。われわれの先人たちは、戦争に負け、憲法を押しつけられたぐらいで、アジアと日本の平和と安全を守る責任を放棄するような「臆病者」ではなかったのだ。

二〇一九年春、台湾を訪れた、ある元自衛隊幹部から次のような話を聞いた。

「江崎さん、台湾軍と軍事シンクタンクを訪問して意見交換をしたところ、台湾軍ではいま、改めて白団に代表される、戦後の日台軍事交流の歴史を学び直していると聞きました。習近平率いる中国共産党政府が台湾『侵略』を目論んでいるなか、その危機を乗り越えるためには、アメリカ、そして日本との関係こそが重要なのだと、彼らは考えているのです」

【注】

1 門田隆将『この命、義に捧ぐ』、集英社、二〇一〇年、四三頁。
2 根本博「蔣介石の軍事指南番」、月刊誌『文藝春秋』一九五二年八月号、文藝春秋、一九五二年、五六～五七頁。
3 門田隆将『この命、義に捧ぐ』、集英社、二〇一〇年、八一～八二頁
4 門田隆将『この命、義に捧ぐ』、集英社、二〇一〇年、八二～八三頁。
5 門田隆将『この命、義に捧ぐ』、集英社、二〇一〇年、八四頁。
6 門田隆将『この命、義に捧ぐ』、集英社、二〇一〇年、七八～七九頁。
7 根本博「蔣介石の軍事指南番」、月刊誌『文藝春秋』一九五二年八月号、文藝春秋、一九五二年、六一頁。
8 根本博「予の記憶に残る湯恩伯将軍」、湯恩伯記念会編『湯恩伯将軍 日本の友』、湯恩伯記念会、一九五四年、一八六頁。
9 根本博「予の記憶に残る湯恩伯将軍」、湯恩伯記念会編『湯恩伯将軍 日本の友』、湯恩伯記念会、一九五四年、一八五頁。
10 根本博「予の記憶に残る湯恩伯将軍」、湯恩伯記念会編『湯恩伯将軍 日本の友』、湯恩伯記念会、一九五四年、一八八～一八九頁。
11 門田隆将『この命、義に捧ぐ』、集英社、二〇一〇年、一九三頁。

12 中村祐悦『新版 白団』、芙蓉書房出版、二〇〇六年、一一二〜一一三頁。
13 中村祐悦『新版 白団』、芙蓉書房出版、二〇〇六年、一一五頁。
14 稲葉正夫編、岡村寧次『岡村寧次大将資料 上巻 戦場回想篇』、原書房、一九七〇年、一七三頁。
15 中村祐悦『新版 白団』、芙蓉書房出版、二〇〇六年、一一六〜一一七頁。
16 中村祐悦『新版 白団』、芙蓉書房出版、二〇〇六年、一一三頁。
17 稲葉正夫編『岡村寧次大将資料 上巻 戦場回想篇』、原書房、一九七〇年、二二五〜二二六頁。
18 稲葉正夫編『岡村寧次大将資料 上巻 戦場回想篇』、原書房、一九七〇年、一一〇〜一一二頁。
19 稲葉正夫編『岡村寧次大将資料 上巻 戦場回想篇』、原書房、一九七〇年、一一一頁。
20 根本博「予の記憶に残る湯恩伯将軍」、湯恩伯記念会編『湯恩伯将軍 日本の友』、湯恩伯記念会、一九五四年、一六九頁。
21 中村祐悦『新版 白団』、芙蓉書房出版、二〇〇六年、九〇頁。
22 中村祐悦『新版 白団』、芙蓉書房出版、二〇〇六年、九〇頁。
23 中村祐悦『新版 白団』、芙蓉書房出版、二〇〇六年、二四〜二五頁、四三〜四八頁。
24 中村祐悦『新版 白団』、芙蓉書房出版、二〇〇六年、九〇頁、小笠原清「蔣介石をすくった日本将校団」、月刊誌『文藝春秋』一九七一年八月号、文藝春秋、一六〇頁、野嶋剛『ラスト・バタリオン』、講談社、二〇一四年、一一三頁から作成。
25 小笠原清「蔣介石をすくった日本将校団」、月刊誌『文藝春秋』一九七一年八月号、文藝春秋、一五九頁。
26 中村祐悦『新版 白団』、芙蓉書房出版、二〇〇六年、七六〜七七頁。

27 小笠原清「蔣介石をすくった日本将校団」、月刊誌『文藝春秋』一九七一年八月号、文藝春秋、一六一頁。
28 中村祐悦『新版 白団』、芙蓉書房出版、二〇〇六年、一一八～一二一頁。
29 中村祐悦『新版 白団』、芙蓉書房出版、二〇〇六年、一〇九～一一〇頁。
30 中村祐悦『新版 白団』、芙蓉書房出版、二〇〇六年、一七五～一七六頁。
31 中村祐悦『新版 白団』、芙蓉書房出版、二〇〇六年、一六五頁。
32 中村祐悦『新版 白団』、芙蓉書房出版、二〇〇六年、一七七頁。

第六章　原爆開発と朝鮮戦争への道

スパイが貢献したソ連の原爆開発

一九四九年八月二十九日、ソ連は初の原爆実験を成功させた。

スターリンは当初、核施設に先制攻撃をかけられることを恐れて公表しなかったが、アメリカは大気圏上層からフォールアウト（放射性降下物）を採集し、ソ連が長崎型プルトニウム爆弾の爆発に成功したことを察知した[1]。

ソ連の原爆実験成功は、アメリカとイギリスにとって晴天の霹靂《へきれき》だった。

第二次大戦終戦後、トルーマン民主党政権は軍事費を大幅に減らし、ソ連に陸軍力が劣る分を核兵器で補うつもりでいた。いずれは追いつかれるにしても、まだ当分はアメリカの核兵器独占が続くと思っていたのだ。

ソ連がすばやく西側の核兵器開発に追いつくことができたのは、第四章でも述べたようにスパイ活動で情報を得ていたからだった。

まさにコミンテルン期から営々と築き上げてきたスパイ諜報戦の勝利である。

ドイツからイギリスに亡命した原子物理学者クラウス・フックス、イギリスの戦時内閣の閣僚モーリス・ハンキー卿の秘書としてイギリスの原爆開発計画の情報に接することができたジョン・ケアンクロス、ロスアラモスの核施設に勤務していたデイヴィッド・グリーングラス、スパイ網を運営したローゼンバーグ夫妻やハリー・ゴールドら、数多くの工作員が大量の技術情報をソ連に提供した。

ソ連が原爆開発研究を本格的に始めるために科学者たちを抜擢したのは一九四二年秋のことだ。学術指導者として任命されたクルチャトフらは、ソ連の諜報機関に蓄積された二千ページにも及ぶアメリカやイギリスの専門資料を読み込むことから作業を始めている[2]。

スターリンは広島の惨状を見て、アメリカの狙いが自分たちを脅すことにあると確信していた。

《「戦争は野蛮なものだ」とスターリンは感想を漏らしている。「だが、原爆は度を越えて野蛮だ。しかも、原爆を使用する必要などなかったのだ。日本の敗北はすでに決まっていた！」スターリンはヒロシマの真の狙いが自分にあると確信していた。「原爆による脅迫、それがアメリカのやり方だ」》[3]

一九四五年七月、ポツダム会談でトルーマン大統領から「新型兵器」を開発したと告げられたとき、スターリンは諜報機関からの報告で知っていたから少しも驚かなかった。だが、原爆が実際に日本に対して使われたことには激しく反応した。

諜報機関からスターリンのもとに、さらに衝撃的な情報が入った。

アメリカはウラン二三五とプルトニウムを生産し、一カ月あたり八個の原爆を製造することが可能になったというのだ。

スターリンは原爆プロジェクトに最優先で取り組むことを決断し、一九四五年八月十二日から原爆プロジェクトの指導者たちを呼び集めた。

《「ヒロシマは全世界を揺るがした。バランスは崩れた。原爆を作れ――それが我々から大きな危険を取り除く」》[4]

十六日まで昼夜ぶっ通しで協議を重ねた結果、八月二十日、スターリンは国家防衛委員会指令九八八七号に署名する。原爆開発のために非常大権を持った特別委員会を設立して事実上無制限の予算を与えるというものだ。

原爆製造の研究や作業のために、一九四五年末までに有刺鉄線で囲まれた十三の収容所が作られ、十万三千人の囚人が使役された。それとは別に鉱山冶金事業のためにも、一九四六年初めの段階で十九万人の囚人が投入された。一九五〇年には原爆関連組織の人数は七十万人を越え、その半数以上が囚人だった。

科学者たちですら、技術者と専門家専用の特別監獄「シャラシカ」に収容され、自由のない環境で働かされていた。アメリカの原爆プロジェクトに携わった人数が十二万三千人だったのと比べると、ソ連の必死の注力ぶりがよくわかる[5]。

朝鮮戦争の開戦決断と原爆開発の密接な関係

なぜか、あまり議論されていないが、このソ連の原爆開発と、朝鮮戦争の開戦とは密接な関係があると見るべきだろう。

いわゆるヴェノナ文書研究の専門家であるハーバート・ロマースタインとエリック・ブレインデルは二〇〇〇年、『ヴェノナの秘密——ソ連のスパイ活動とアメリカの裏切り者を暴く（*The Venona Secrets: Exposing Soviet Espionage and America's Traitors*）』（未邦訳）を発行し、朝鮮戦争とソ連の原爆開発についてこう指摘している。

《旧ソ連共産党中央委員会の公文書保管所で見つけられた書類は、一九四八年に北朝鮮の独裁者の金日成主席が、韓国を攻撃する許可をスターリンに頼んだことを示している。

スターリンは、侵略が起きて欲しかったが、彼は「韓国と関連したそのような大きい事柄は……多くの準備を必要とする」と指摘した。攻撃が行われたとき、スターリンは今後の攻撃を支持して、北朝鮮に必要とされた兵器と装備のすべてを提供した。

一九四九年八月二十九日に、ソ連政府は最初の原子爆弾を実験した。アメリカによる核兵器の独占はもはや終わり、アメリカの核はソ連にとって大きな脅威ではなくなった。

一九五〇年五月の終わりに、スターリンは、韓国侵略が行われるべきであると決め、韓国侵略は一九五〇年六月二十五日に起きた》[6]

北朝鮮の金日成は一九四九年の春以来、何度もスターリンに、武力による朝鮮統一の許可を求めていたが、スターリンは却下しつづけていた。

スターリンがなかなか金日成に韓国侵略を許さなかったのは、アメリカの介入を恐れていたからである。スターリンは、ヨーロッパでもアジアでも、アメリカと直接ぶつかるつもりはなかった。金日成に対してだけでなく、ギリシャとベトナムの共産ゲリラに対しても支援を拒みつづけていた。

だが一九五〇年四月、モスクワを訪問した金日成に対してスターリンは「国際情勢の変化」に鑑みて、いまなら達成できるだろうと答え、「南朝鮮の解放」つまり朝鮮戦争を許可する。

金日成と朴憲永は一九五〇年三月三十日から四月二十五日までモスクワを訪問し、スターリンと会談して念願の開戦許可を得た。

会談の速記録はまだ発見されていないが、ソ連共産党中央委員会国際部が会談内容を要約して作成した報告書が存在する。報告書によると、スターリンは国際情勢の変化について次のように語っている。

《スターリン同志は金日成に国際環境と国内状況がすべて朝鮮統一にむけてさらに積極的な行動を取ることができるように変化したと強調した。国際的与件においては中国共産党が国民党に対して勝利をおさめたことによって朝鮮での行動開始に有利な環境を作った。中国は国内問題に起因する憂慮を減らしたのでこれから関心と労力を朝鮮支援に注ぐことができるようになった。現在、中国は必要とするならば無理することなく自軍すべてを朝鮮に投入することができる。

中国の勝利は心理的側面でも重要である。これはアジア解放の機運を証明した代わりにアジア反動勢力と彼らの主人であるアメリカ・西側の脆弱性を露呈させた。アメリカは中国で退き、もうこれ以上軍事的に新中国当局に挑戦することができない。

中国はすでにソ連と同盟条約を締結したので、アメリカはアジアの共産勢力に対して挑戦するのをためらうはずである。アメリカから来る情報によれば、アメリカ国内にも他国に介入しない雰囲気が情勢《ママ》されている。

ソ連が原子爆弾を保有しヨーロッパでの立場が強化されることでこのような不介入雰囲気はさらに深まる》[7]

つまりスターリンは、次の五点によってアメリカ介入の可能性が低くなったと判断したということだ。

一、中国大陸における国共内戦で中国共産党が勝利したこと
二、アメリカが国共内戦に介入せず、中華人民共和国の樹立を傍観したこと（一九四九年

十月）
三、中ソ友好同盟相互援助条約を締結したこと（一九五〇年二月）
四、アメリカに根を張った諜報網がトルーマン民主党政権の「お花畑」情報を上げてきていること
五、ソ連が原子爆弾を保有したこと（一九四九年八月）

とはいえ、報告書の続きを見ると、スターリンは開戦を許可したあとも、介入の可能性がゼロでないことを念頭に置きつづけ、警戒を怠っていないことがわかる。

《スターリン：完璧な戦争準備が必須である。何よりも軍事力の準備態勢をよく取り揃えなければならない。エリート攻撃師団を創設して追加部隊の創設を急げ。師団の武器保有をふやして移動・戦闘手段を機械化しなければならない……戦争は奇襲的で迅速でなければならない。南朝鮮とアメリカが我に返る合間を与えてはいけない。力強い抵抗と国際的支援が動員される時間を与えてはいけない。

これと共にスターリンは金日成に対してソ連が戦争に直接介入することは期待してはい

けないと言った。ソ連は他の地域、特に西方で多くの挑戦に直面しているからだということだった。
スターリンは金日成にもう一度毛沢東と議論することを強調した。毛沢東がアジア問題に精通している点を付け加えた。
スターリンは、アメリカが韓国に軍隊を送るかも知れないため直接戦争に（ソ連は）介入しないと言う点をもう一度強調した》8
していいる。

北朝鮮軍が破竹の勢いで進撃していた一九五〇年七月初旬の時点でも、スターリンは、ソ連が朝鮮戦争に巻き込まれることを強く警戒しつづけていた。
七月八日、スターリンはテレンチー・シュトィコフ駐北朝鮮大使に次の電報を送って叱責している。

《貴殿は間違った行動をとっている。［北］朝鮮人に［ソ連の］顧問を提供すると約束し、我々の許可を取らなかった。
貴殿はソ連の代理であって朝鮮の代理ではないことを忘れるな。

必要な数の顧問たちをプラウダの特派員として民間人の服装をさせて、前線司令部や軍団に行かせるようにせよ。

彼らが捕虜にされないよう、貴殿はソ連政府の前で個人的に責任を負うことになる》[9]

台湾侵略か、それとも朝鮮戦争への参戦か

北朝鮮による韓国侵略に至る経緯において、ソ連による原爆保有と並んで決定的に重要だったのは、中国共産党の国共内戦の勝利と中華人民共和国の建国であった。

しかし当時の中国共産党政権にとって、朝鮮半島の優先順位は決して高くなかった。一九五〇年当時、何よりも重視していたのは台湾の獲得であったからだ。

第五章で見たように、中華人民共和国建国直後の一九四九年十月二十五日に勃発した金門島での戦い（古寧頭戦役）で、旧日本陸軍中将・根本博の作戦指導によって二万近くの人民解放軍が殲滅されたことにより、早期に台湾を侵略せんとする毛沢東の野望は潰《つい》えていた。だが、もちろんここで引き下がる中国共産党ではなかった。

もし、一九五〇年六月、北朝鮮による韓国侵略ではなく、中国人民解放軍による台湾侵略が行われていたらどうなっていただろうか。

前述したように一九五〇年一月五日、トルーマン大統領が、台湾有事に不介入を宣言している。宣言どおりにアメリカが不介入を貫いて中国共産党が台湾を占領していたら、日本とアメリカの安全保障は現在とまったく異なる状況になっていただろう。

現実には、金門島の戦いで出鼻を挫かれた中国共産党は、さらに朝鮮戦争のせいで北朝鮮支援のために軍を送らざるをえず、台湾侵略を当面、諦めざるをえなくなった。

本当は台湾侵略作戦をやりたかった中国共産党がどのようにして朝鮮戦争に参戦することになったのか。近年のインテリジェンス・ヒストリー研究の進展によって、具体的な経緯やスターリンの意図がかなり明らかになってきている。

台湾と朝鮮の二者択一という、日本の命運に重大な影響を与えた選択がどのように行われたのか。毛沢東とスターリンはそれぞれ何を考えていたのか。これらは、日本人としてぜひとも理解しておきたい問題である。

日本をターゲットにした中ソ友好同盟相互援助条約

朝鮮戦争を起こすことを可能にした要因の一つは、先に述べた中ソ友好同盟相互援助条約である。中ソ両国が一九五〇年二月、この条約を締結したことは、日本にとって非常に重大な意味があった。

第一に、この条約は日本をターゲットにしていることだ。全六条ある条文の第一条を見れば、それは明らかだ。

《第一条　両締約国は、日本国又は直接に若しくは間接に侵略行為について日本国と連合する他の国の侵略の繰り返し及び平和の破壊を防止するため、両国のなしうるすべての必要な措置を共同して執ることを約束する。

締約国の一方が日本国又はこれと同盟している他の国から攻撃を受け、戦争状態に陥った場合には、他方の締約国は、直ちに執ることができるすべての手段をもって軍事的及び他の援助を与える。

また、締約国は、世界の平和及び安全を確保することを目的とするあらゆる国際的行動に誠実な協力の精神をもって参加する用意があることを宣言し、かつ、これらの目的の最もすみやかな実現のために全力を尽す》[10]

条文では、日本や日本と連合する国（要するにアメリカ）の侵略行為を防ぐと述べているが、実際には中ソが手を組んで日本を侵略する、という宣言にほかならない。

第二に、この条約は、中国共産党政権が攻撃を受けた場合、ソ連は究極的には核兵器を使用することもありうることを示唆している。「直ちに執ることができるすべての手段」という文言が核兵器の使用を含む意味になりうるので、スターリンはこの一節に難色を示したが、中国共産党の周恩来が強く主張したので条文に加えられた[11]。

第三に、スターリンと毛沢東は交渉のなかで、この条約締結が英米との対立（究極的には第三次世界大戦）を引き起こす可能性があると論じていた。そのうえで、この条約を締結するという決断を下している。

どういうことなのか、具体的に見てみよう。

毛沢東は中国共産党政府の樹立に成功した二カ月後の一九四九年十二月から一九五〇年二月までソ連の首都モスクワに滞在していた。

ソ連は、一九四五年のヤルタ会談で約束された利権を確保するため、一九四五年八月十四日に、蔣介石率いる中国国民党政府とのあいだで中ソ友好同盟条約を結んでいた。毛沢東は、これを破棄させて、ソ連とのあいだに、もっと対等な条約を結び直す交渉のためにモスクワにやってきたのだ。

毛沢東は十二月十六日と一月二十二日の二回、スターリンと会談している。十二月十六日の第一回目の会談で中ソ間の新しい条約締結を提起した毛沢東に対して、スターリンは、こう述べている。

《ご承知のように、この条約［一九四五年の中ソ友好同盟条約］はソ連と中国［中華民国＝中国国民党政権］の間で、ヤルタ協約の結果、締結されたものだ。この条約の要点はヤルタ協約に基づいている（クリル諸島、南樺太、旅順など）。つまり現行の条約は、言うなればアメリカとイギリスの合意とともに結ばれている。

そういう状況に鑑み、我々は内々に、当面この条約のどの点も変えないことに決定した。なぜなら、なにか一点でも変えれば、クリル諸島や南樺太など、協約の他の項目についても見直しを提起する法的根拠を、英米に与えてしまうことになるからだ。

そこで我々としては、現行の条約を形式的には変更することなく、運用面で修正する方法を模索した。

この件でいえば、旅順に軍を配備するソ連の権利を公的には認めつつ、中国〔共産党〕政府の要請に応じて、今配備されているソ連軍を実際には撤退させるといった方法だ。このよ

うなやり方であれば、中国〔共産党〕の要請があれば実施することは可能だ》[12]

米英との約束であるヤルタ協定にもとづいて中国国民党と条約を結んだので、その見直しは難しいと反論したのだ。

毛沢東はこの第一回会談の時点では、次のように述べてスターリンの主張を受け入れる態度を示した[13]。

「中国〔共産党〕軍は、資本主義者の攻撃に対して効果的反撃ができないので、〔ソ連軍によって支配された〕長春鉄道や旅順の現状は中国の利益に適っている」

「中国で条約について議論した際、我々はヤルタ協約を巡る英米の立場を考慮していなかった。我々は共通の大義のために最良なやり方で行動すべきである。この問題はさらに検討するとよいと思うが、当面はこの条約を変更すべきでないし、旅順からのソ連軍の引き上げを急ぐべきでないことは既に明らかだ」

だが翌一九五〇年一月二十二日に開催された二回目の会談ではスターリンはがらりと態

度を変えて、「以前はこのまま変えないでおくべきだと思ったのだが、これらの協定は変える必要があると考える。日本との戦争が条約の核心にあったのだから、現行の条約は協定を含めて変えるべきだ。戦争は終わって日本は負けたのだから、状況が変わったのだ。条約は今や時代錯誤になった」と述べている。

毛沢東が「協定を変えるのはヤルタ会議の決定に反するのではないのか?」と確認すると、スターリンはこう答えた。

《そのとおりだ。だが、それがどうした！　我々は、協定を変えねばならないという立場に立った以上、徹底してやる必要がある。これによって何らかの不都合が起こる可能性が確かにあるし、我々はアメリカ人と戦わなければならなくなるかもしれない。だが、我々は既にそれは折り込み済みだ》[14]

日本が再軍備する前に、南朝鮮を取るべきだ

ヤルタ協定を見直しても構わないと、なぜ突然、態度を変えたのか、正確な理由を知ることは難しいが、スターリンが態度を翻す引き金となったかもしれない事件が二つある。

一つは、イギリスの通信社が一九四九年十二月末に「毛沢東はソ連に軟禁されている」という報道を流したことである。

スターリンは第一回の会談で、条約締結交渉のために周恩来を訪ソさせたいという毛沢東の提案をにべもなく退けていたが、毛沢東の側近だった師哲の回想によれば、ソ連はこの報道に慌てて態度を軟化させ、周恩来の訪ソに同意したという[15]。

毛沢東は一九五〇年一月一日にタス通信を通じて、新しい中ソ条約を協議するため訪ソ中だと発表し、その翌日、北京に対して「この二日間で交渉が重要な進展を見せた。スターリンは条約締結のため周恩来をモスクワに呼ぶことに同意した。借款、貿易、航空に関する合意も含む」と打電している[16]。

もう一つは、トルーマン大統領による一九五〇年一月五日の、「台湾問題に軍事介入をしない」という声明と、一月十二日のアチソン国務長官演説である。この演説は、アメリカが韓国と台湾を防衛ラインの外に置くことを示唆したことがよく指摘されるが、中ソの間に楔《くさび》を打ち込むことを意図する内容も含んでいた。

アチソンは、ソ連が中国から外モンゴルを奪って自国領にしており、満洲もほとんどそうなりかけている、さらには内モンゴルや新疆（ウイグル）にも触手を伸ばしている、と非難した。

そしてトルーマン政権は台湾に軍事基地を作るつもりはないし、中国をはじめとするアジア諸国の独立と経済的発展を対等な立場で支援しようとしているが、ソ連の行為は中国を食い物にする帝国主義だと批判し、中国（共産党）の味方はアメリカだとアピールしたのである。

元ソ連共産党中央委員会朝鮮部長Ｖ・Ｐ・トカチェンコへのインタビューによると、アチソン演説は直ちにモスクワに送られ、その文言を詳細に読み込んだスターリンの思考に大きな影響を与えたという。

元エリツィン政権顧問のセルゲイ・Ｎ・ゴンチャロフ他『不確かなパートナー　スターリンと毛と朝鮮戦争（*Uncertain Partners:Stalin,Mao,and the Korean War*）』は、満洲や新疆（ウイグル）への野心は図星だったので、スターリンはアチソン演説に立腹したに違いないし、おそらくはソ連側からの情報リークを疑っただろうと推測している[17]。

中ソの離間を図ろうとするアメリカのトルーマン政権に対抗するため、ソ連は二つの行動をとった。

一つは国連の代表権問題で、一九五〇年一月以降、ソ連は、中華民国（中国国民党政権）

の代わりに中華人民共和国を安全保障理事会に入れるよう盛んに運動しはじめている。

もう一つは、アチソン声明に、中ソ両国が協調して反論することである[18]。新条約締結交渉で、ソ連は少なくとも表向きには中国共産党に対して大幅に譲歩し、旅順、大連、鉄道などの利権を早期に返還することを付属協定で合意した。

そして、この中国共産党とソ連との友好同盟相互援助条約締結こそが朝鮮戦争の発端だったと、ロンドン・スクール・オブ・エコノミクスのヴラディスラフ・ズボク教授とアマースト大学のコンスタンティン・プレシャコフ准教授は分析している。

ズボク教授らによれば、スターリンにとってこの条約は、アメリカのルーズヴェルト、イギリスのチャーチルとのあいだでヤルタ、ポツダム両会談において合意した英米両国との勢力圏境界を破る分水嶺だった。ヤルタ、ポツダム会談において中国大陸を支配するのは、蔣介石率いる中国国民党政権の予定であった。

ところが、中国共産党政権による中国大陸支配を認めることは、共産主義というイデオロギーに基づく同盟によって勢力圏の境界を引き直すことであり、米英両国との合意を踏みにじることであった。よってスターリンは、中国共産党との新条約締結は、世界大戦につながりかねないものだと考えていたはずだというのである。

そして世界がいずれ第三次世界大戦に向かうのだとすれば、朝鮮半島が新たに戦略的意味を持つことになると考えたのだ。アメリカが将来、日本を再軍備すれば、南朝鮮は、アメリカによる中国大陸、そしてソ連の極東地域への侵攻ルート、敵勢力の上陸地点になる。従って日本が再軍備する前に韓国を取っておかねばならない、というわけだ[19]。

なおも進められた毛沢東の台湾侵略計画

しかし、極東のソ連領を守るために満洲、朝鮮半島を影響下に置きたいというのはあくまでもスターリンの思惑であって、毛沢東の主要な目標は「台湾解放」だった。

以下、セルゲイ・N・ゴンチャロフ他『不確かなパートナー：スターリンと毛と朝鮮戦争』(Stanford University Press, 1993, 未邦訳, p.69, pp.148-159) に基づき、朝鮮戦争開戦前後の時期に毛沢東がどのように台湾侵略計画を進めていたかを追っていこう。

金日成が何度もスターリンに「朝鮮解放」の許可を求めていたのと同様、中国共産党は何度も「台湾解放」の許可を求めていた。そして、これも金日成と同じく、ずっとスターリンの返事を得られずにいた。

一九四九年十二月から二月にかけての毛沢東の訪問より少し前の一九四九年七月十一日、

モスクワを訪問していた劉少奇が改めてこの問題を持ち出したが、スターリンは却下している。ソ連が台湾侵略を支援すれば、米海軍および米空軍と戦闘になる恐れがあり、世界大戦につながりかねないというのが理由だった。

スターリンは、第二次世界大戦でソ連は甚大な被害を受けているから、そんな危険を冒すことは何を以てしても正当化できない、「もし我々指導者がそんな危険を冒せば、ロシアの人民は理解しないだろう。戦争中や戦後の努力と苦難を甘く見て、あまりにも軽々しく扱われたと思い、我々を追い払うだろう」と語った。

一九四九年七月二十七日、スターリンは拡大政治局会議を招集し、ソ連政治局メンバーに加えて、中国共産党幹部の劉少奇、高崗、王稼祥と、ソ連軍の将軍らを参加させた。外国人をソ連共産党の政治局会議に参加させるのはそれまで前例がなく、中国共産党を対等と認めるというジェスチャーだった。

ただしその席上でスターリンは、中国共産党による台湾侵略への軍事支援は不可能だと繰り返し、劉少奇は支援要請を取り下げた。

一方、スターリンの許可が下りないにもかかわらず、毛沢東は、モスクワに滞在中だった一九五〇年二月四日、台湾攻撃に必要なパラシュート部隊の編成を指示している。その一週間後には、第三野戦軍が四個師団に上陸作戦訓練をさせるという報告を承認した。帰国後の三月十一日には、平和的交渉によって台湾を中華人民共和国支配下に入れようとする張治中の工作に承認を与えている。張治中は、一九四九年四月に国共和平会議のため国民党政府代表として北京にやって来た将軍で、会議決裂後は北京に残っていた。

ゴンチャロフ氏らによれば、毛沢東は台湾への軍事侵攻が不可避と考えており、張治中の工作はその準備としてのプロパガンダの一環だった。

三月末には、浙江省近くにある舟山島への攻撃計画を、金門島上陸作戦の前段階として作成している。

こうして台湾侵略計画が整いつつあるなか、四月二十一日、毛沢東は軍の大規模な動員「解除」を許可した。理由としては、次の三つが考えられるが、いずれにせよ台湾が主要な攻略目標であったことに変わりはないと、ゴンチャロフ氏らは分析している。

一、中国全土を悩ませていた、銃で武装した追い剝《は》ぎの根絶
二、台湾・チベット攻略に大兵力は必要ない
三、軍事費削減と民生への予算振り向け

毛沢東は、機関紙『人民日報』において激しい反米プロパガンダを繰り返していたが、その一方で、アメリカを刺激しすぎないよう、目立たない形で宥和姿勢を示していた。

一九五〇年四月二十九日、「社会主義対資本主義」の世界的な戦いにおける中国共産党政権の役割を強調しないい方向で報告を書き直すよう、毛沢東は劉少奇に指示している。ソ連と同調してアメリカと戦うといった方針を打ち出さないように指示したわけだ。

同じころ、中国共産党政権に拘束されていたアメリカ人航空兵三人と外交関係者を解放している。

同時に毛沢東は、台湾侵略準備がアメリカに悟られないように警戒していた。台湾対岸にある福建省でアメリカ人宣教師と接触した第三十二軍の将校らを、毛沢東は厳しく叱責している。このころまでに、山東省から福建省に至る沿岸に台湾侵略部隊を集結させはじめていたので、毛沢東はその情報がアメリカ人を通じて台北、つまり蔣介石に伝わることを恐れたのである。

まだ北朝鮮の金日成がモスクワにいた四月末、周恩来がソ連国防大臣ブルガーニンに打電し、船舶、航空機、沿岸用砲台などを早く送るよう頼んだ。中国の防衛産業育成を任務の一つとして担当していた周恩来は、これらが一九五〇年夏か、遅くとも一九五一年春までに届くようソ連側に保証を求めた。

同時に、中国共産党中央委員会は「台湾解放が……全党の最重要任務である」との指令を発し、特に東部の党組織に対しては、第三野戦軍が台湾海峡を超える準備に必要なあらゆる支援を行うよう指示した。

スターリンが反対していたにもかかわらず、中国共産党は台湾「解放」に向けて全力で準備を進めていたのだ。

【注】

1　ジョレス・メドヴェージェフ＆ロイ・メドヴェージェフ著、久保英雄訳、『知られざるスターリン』、現代思潮新社、二〇〇三年、一六七頁。

2　ジョレス・メドヴェージェフ＆ロイ・メドヴェージェフ著、久保英雄訳、『知られざるスターリン』、現代思潮新社、二〇〇三年、一五一〜一五四頁。

3　サイモン・セバーグ・モンテフィオーリ『スターリン　赤い皇帝と廷臣たち』下、白水社、二〇一〇年、二五四頁。

4　Ralph B. Levering, Vladimir O. Pechatkov, et al., *Debating the Origins of the Cold War: American and Russian Perspectives*, Rowman & Littlefield Publications, 2002, p.105.

5 ジョレス・メドヴェージェフ&ロイ・メドヴェージェフ著、久保英雄訳、『知られざるスターリン』、現代思潮新社、二〇〇三年、一五八～一六一頁。サイモン・セバーグ・モンテフィオーリ『スターリン 赤い皇帝と廷臣たち』下、白水社、二〇一〇年、二五五頁。

6 Herbert Romerstein and Eric Breindel ,*The Venona Secrets: Exposing Soviet Espionage and America's Traitors*, Regnery Publishing, Inc, 2000, pp.253-254。

7 引用文は金成浩「朝鮮戦争とアチソン演説」、『政策科学・国際関係論集』（7）、琉球大学法文学部、二〇〇五年、一八二～一八三頁。Kathryn Weathersbyの"*Should We Fear This?" Stalin and the Danger of War with America*, CWIHP Working Paper no.39 にも英訳が引用されているが、金教授と若干異なる箇所がある。

8 金成浩「朝鮮戦争とアチソン演説」、『政策科学・国際関係論集』（7）、琉球大学法文学部、二〇〇五年、一八三～一八四頁。強調は江崎。

9 *CWIHP Bulletin*, no.14-15, 2011, p.374.

10 データベース「世界と日本」（代表：田中明彦）、日本政治・国際関係データベース、政策研究大学院大学・東京大学東洋文化研究所、「ソ中友好同盟相互援助条約（ソヴィエト社会主義共和国連邦と中華人民共和国との間の友好、同盟及び相互援助条約）」http://worldjpn.grips.ac.jp/documents/texts/docs/19500214.T1J.html（二〇一九年六月九日取得）

11 デーヴィド・ホロウェイ『スターリンと原爆　下』、大月書店、一九九七年、四〇〇頁。

12 *CWIHP Bulletin* no. 6-7, Winter 1995/1996, p.5.試訳及び［ ］内の補足は江崎。

13 *CWIHP Bulletin* no. 6-7, Winter 1995/1996, p.5. ただし、中国側の会談記録はソ連側と大幅に異

なる。詳しくはVladislav Zubok & Constantine Pleshakov, *Inside the Kremlin's Cold War: From Stalin to Khurshchev*, Harvard University Press, 1996, pp.58-59参照。

14 *CWIHP Bulletin* no. 6-7, Winter 1995/1996, p.8.

15 松村史紀「中ソ同盟の成立（１９５０年）―「戦後」と「冷戦」の結節点―」、『宇都宮大学国際学部研究論集』第34号、二〇一二年、四六頁。

16 ladislav Zubok & Constantine Pleshakov, *Inside the Kremlin's Cold War: From Stalin to Khurshchev*, Harvard University Press, 1996, p.60.

17 Sergei N. Goncharov, John W. Lewis & Xue Litai, *Uncertain Partners: Stalin, Mao, and the Korean War*, Stanford University Press, 1993, p.101, p.320.

18 松村史紀「中ソ同盟の成立（１９５０年）―「戦後」と「冷戦」の結節点―」、『宇都宮大学国際学部研究論集』第34号、二〇一二年、四七頁

19 Vladislav Zubok & Constantine Pleshakov, *Inside the Kremlin's Cold War: From Stalin to Khrushchev*, Harvard University Press, 1996, p.62.

第七章　朝鮮戦争をめぐる中ソの思惑と対立

北朝鮮の南侵とアメリカ第七艦隊の台湾派遣

中国共産党が台湾「解放」（軍事侵攻と併合という意味）の準備に奔走していた一九四九年四月、モスクワでは金日成が「北朝鮮による韓国攻撃によって南（韓国）では、韓国の共産主義者たちが蜂起し、ごく短期間で容易に南（韓国）を制圧できる」などと主張し、スターリンから「朝鮮統一」の許可をもらっていた。

ゴンチャロフ氏らは、スターリンには、次の四つの思惑があったと分析している[1]。

一、朝鮮半島全体を共産圏に入れることにより、ソ連の安全保障のための緩衝地帯を拡大する

二、来るべき大戦に備えて日本攻撃の橋頭堡《きょうとうほ》を確保する

三、米中間に楔《くさび》を打ち込む

四、アメリカ軍を欧州から離れたところに釘付けにする

スターリンにとって朝鮮戦争は「来るべき大戦に備えて日本攻撃の橋頭堡（足場）を確保

する」という意味合いがあったことは、記憶に留めておくべきだろう。

それではなぜスターリンは、台湾「解放」ではなく、朝鮮戦争の方にゴーサインを出したのか。この問題はあとで改めて触れる。

スターリンは金日成の要請に応え、その後二カ月間で北朝鮮軍を大増強したほか、ソ連軍の将校に命じて作戦計画を作らせた。その結果、開戦時の北朝鮮の戦力は、兵員と火砲が韓国の二倍、重機関銃七倍、戦車六・五倍、航空機六倍に達した。

作戦計画を作ったソ連軍将校らは、進軍速度一日あたり一五〜二〇キロで、二十二〜二十七日以内に勝利できると見積っていた[2]。

一方、毛沢東は、台湾「解放」計画に没頭していた。台湾対岸に兵力を集めるのに予想外に手間取ったため、六月初め、中央軍事委員会は台湾攻撃を一九五一年夏に延期したが、本土と台湾の中間にある重要な島の攻略は進める計画だった。

そして運命の六月二十五日。北朝鮮軍は三十八度線を越えて韓国攻撃を開始し、二十八日にはソウルを陥落、またたく間に韓国軍を釜山まで追い込んだ。

北朝鮮の緒戦の勝利は目覚ましかったが、大きな誤算があった。

第一は、金日成の予測に反して、韓国では北朝鮮の攻撃に呼応する革命蜂起が起きなかったことだ。北朝鮮の攻撃に呼応して韓国にいる共産主義者たちが立ち上がってくれると期待したのだが、実際はそのような動きはほとんどなかったのだ。

この段階ですでに毛沢東は、北朝鮮が短期間では勝てないと予測した。中国共産党中央軍事委員会は七月七日、中朝国境に部隊を配備して中国の安東（現在の丹東）と北朝鮮の新義州のあいだの橋を防衛することなどを決めている。

第二の誤算は、トルーマン政権がそれまでの不介入方針をかなぐり捨てて、直ちに行動に移ったことである。

国連安保理事会は六月二十七日、北朝鮮を侵略者として非難し軍事行動を停止するよう求める決議と、北朝鮮への武力行使を認める決議を矢継ぎ早に可決し、七月七日にはアメリカ軍司令官の下での国連軍（正式には「国連派遣軍」。米軍を中心に二二カ国が参加した）編成を決定した。

同時に台湾に関してもトルーマン政権は不介入方針を撤回して、六月二十七日、台湾海峡に第七艦隊を出動させた。朝鮮戦争に気を取られて、台湾を取られないよう、あらかじめ手を打ったのだ。

毛沢東にとって、朝鮮戦争への米軍介入よりも、台湾海峡への米海軍出動こそが痛恨の出来事だった。

六月二十八日、毛沢東は中央人民政府会議で次のように発言した。

《アメリカによるアジア侵略はアジアの人民から広範で断固たる反発を受けるだけだ。一月五日、トルーマンは声明で、アメリカ合衆国は台湾に介入しないと述べた。今や、トルーマンの行動は、この言葉が誤りだったことを証明している。更に彼は、アメリカ合衆国が中国の内政問題に介入しないという約束に関わるすべての国際的合意をずたずたにした。かくてアメリカは、その資本主義的本性をあらわしたのである。[台湾に対するアメリカの政策から教訓を得ることは]中国人民およびアジアの人民のためになる。アメリカ合衆国は朝鮮、フィリピン、およびベトナムの内政に対するいかなる方法の介入も正当化することができない。

中国人民と世界の多くの人民の同情は、アメリカ資本主義には全く向かわず、侵略された諸国とともにある。……全国及び全世界の人民よ、手をつなぎ、アメリカ資本主義のいかなる挑発も阻止するべく万全の準備を整えよ》3

毛沢東の発言は翌日の六月二十九日、『人民日報』に掲載された。

これを読めば、毛沢東の怒りがアメリカの朝鮮介入に対してではなく、もっぱら台湾への海軍出動に向かっているのは明らかだ。自らの手で台湾の併合、中国統一を果たす夢が一瞬で遠のいたのだから当然だろう。

毛沢東にとって朝鮮半島よりも台湾のほうが重要だったのだ。おそらく、これはいまの中国共産党も同じはずだ。

朝鮮戦争勃発後の七月十二日、中国共産党上層部は、台湾「解放」の一環として、沿岸の島数カ所への攻撃計画を承認している。

七月半ばになると、中央軍事委員会は、朝鮮戦争が台湾「解放」を当面延期する理由であることを認めたが、それでも八月初めごろまでは、一九五一年夏に台湾を攻撃する計画を維持していた。

台湾「解放」計画が正式に一九五二年まで延期されたのは八月十一日のことである。

朝鮮戦争の勃発が、毛沢東をして台湾「早期解放」を断念させたわけだ。この朝鮮半島と台湾との関係はよくよく理解しておくべきであろう。

毛沢東に朝鮮戦争への参戦を要求するスターリン

一九五〇年九月十五日、D・マッカーサーが率いる連合軍は仁川上陸作戦を敢行し、戦況は一気に逆転した。

補給線が伸びていた北朝鮮軍はあっという間に壊滅状態になり、九月三十日夜、金日成と朴憲永はスターリンに宛てて必死に支援を求めるメッセージを送った。

自分たちは「朝鮮の独立と民主主義と国民の幸福のために」最後の血の一滴まで戦う決意である。しかし、もし敵が、われわれの極度に困難な状況を利用して攻勢を進めてくれば、われわれの力だけでは敵軍を止めることはできない。

《それゆえに、親愛なるヨーシフ・ヴィサリオーノヴィチ、我々はあなたから特段の支援を仰がざるを得ない。換言すれば、敵部隊が三八度線の北へ入る時期に、ソ連からの直接の軍事支援をぜひお願いしたい。もしも何かの理由でそれが不可能ならば、われわれの闘争への軍事支援のために、中国その他の人民民主主義諸国で国際義勇兵部隊を編成するのを助けていただきたい。われわれの提案について、あなたのご指示をお願いする》[4]

スターリンはこれを受けて、翌日の十月一日、毛沢東に対して、少なくとも五〜六師団を朝鮮半島の三十八度線に送るよう求めた[5]。

毛沢東は十月二日、スターリンの要求を、いったん断っている。そこから数回にわたる緊迫したやり取りを経て、最終的には参戦を決定した。

近年の機密文書公開によって、毛沢東がどのような論理で当初、朝鮮戦争に対する参戦を拒んだのか、それに対してソ連のスターリンがどのように中国の参戦を説得あるいは強制したのか、具体的な経緯がかなり明らかになりつつある。

ロシュチン駐中国ソ連大使は、ソチの別荘で休養していたスターリンに宛てた十月三日の公電で、毛沢東からの十月二日のメッセージを次のように伝えた。

《公電四五八一号への毛沢東の返答をご報告いたします。

「貴殿の一九五〇年十月一日の電報を受領した。我々はもともと、敵が三八度線を越えた場合、朝鮮の同志たちを支援するため、数個師団の義勇軍を送る計画であった。

しかしながら、徹底的に検討した結果、我々としては現在、そのような行動は極めて重大な結果を招きかねないと考えている。

第一に、数個師団で朝鮮の問題を解決するのは極めて困難であり（我々の部隊は圧倒的に装備が足りておらず、米軍への軍事作戦に成功する自信がない）、我々は敵によって退却させられる可能性がある。

第二に、我々の参戦は米中間の公然たる紛争を引き起こす恐れが非常に大きいので、その結果、ソ連も戦争に巻き込まれる可能性があり、問題があまりにも大きくなるだろう。

中国共産党中央委員会の多くの同志たちが、ここは慎重さを示す必要があると判断している。

もちろん、支援のために我々の部隊を送らないことは、現在苦境に陥っている朝鮮の同志たちにとって非常に辛いことであるし、我々もそのことは深く感じている。しかし、もし我々が数個師団を送って敵の部隊によって退却させられ、さらに米中の公然たる戦争を引き起こしたならば、我々の平和的建設の計画全体が完全に頓挫し、国民の多くが不満を抱くだろう（戦争によって人民にもたらされた傷はいまだ癒えておらず、我々は平和を必要としている）。

従って、今は忍耐して部隊を動かさず、積極的に戦力を蓄えるのがよい。そうすれば、敵と戦う時もっと有利になるだろう。

朝鮮は、今は一時的に敗北に苦しんでいるが、戦いの形をゲリラ戦に変えればよい。我々は中国共産党の会議を招集する。会議には、中国共産党の様々な機関の主だった同志たちが出席する。この問題について最終決定はまだ下されていない。これは我々の予備的な公電であり、我々は貴殿と協議したいと望んでいる。

もし同意が得られるのであれば、周恩来同志と林彪同志を飛行機でただちに貴殿の保養先に送り、この問題を貴殿と協議するとともに、中国と朝鮮の状況を報告する用意がある」》[6]

スターリンは十月五日、毛沢東に次のように返信した。

アメリカは「まだ今のところ大きな戦争の準備はできていない」。そして日本はまだ軍事的にアメリカを支援するのは不可能である。従って、もしそのような戦争の危険に直面すれば、「ソ連の後ろ盾を受けている中国に対して、アメリカは譲歩せざるをえない。また、アメリカは台湾も手放さざるをえず、日本の反動主義者との分離講和も放棄せざるをえなくなる」。

ただし、中国が何もしないで利益を得られるわけではない。

スターリンは「真剣に戦い、その力を新たに印象的に示さなければ、中国はこれらの譲歩を得られない」と警告し、次のように述べた。

《もちろん、準備不足とはいえ、アメリカが威信（への考慮）のために大戦争に訴え、中国が巻き込まれ、さらに、相互援助条約によって中国と結びついたソ連も巻き込まれる可能性があるという事実はわかっている。

我々はこれを恐れるべきだろうか？　私の意見では、恐れるべきではない。なぜなら、我々が手を組めば英米より強いからだ。他の資本主義諸国は大した軍事力はない（ドイツは例外だが、そのドイツは今、アメリカを支援できない）。

戦争が避けられないなら、日本の軍国主義がアメリカの同盟国として復活し、日米が李承晩政権という大陸上陸地点の準備を整えた数年後ではなく、今起こさせたほうがいい》[7]

アメリカによる日本の再軍備と韓国軍の強化が実施される前に、韓国を屈服させ、朝鮮半島を支配下に置いたほうが将来、台湾を「解放」するうえでも好都合ではないのかと、スターリンは毛沢東に詰め寄ったのだ。

中国共産党「義勇軍」の参戦

たとえすぐにアメリカを相手にした第三次世界大戦になったとしても覚悟はできているとばかりに見栄を切ったスターリンだが、行動を見れば本音は違う。

毛沢東がスターリンへのメッセージのなかで提案した、スターリンと周恩来との会談は一九五〇年十月九日から十日にかけて行われた。マッカーサーによる仁川上陸作戦が成功し、北朝鮮が劣勢に追い込まれていた直後のことだ。

ソ連側の記録によると、周恩来はモスクワで、中国共産党中央委員会政治局は、「人民解放軍を朝鮮に送らないことに決定した」と述べた。北京での政治局会議で何が起きたのかはわからないが、ズボク教授らは以下のいずれかのシナリオがありうると述べている。

一、毛沢東らは義勇軍を送ることに決めていたが、最大限良い取引をするためにはったりをかけた。

二、中国共産党指導部のなかで参戦への反対論が圧倒的だった。中国側は、ソ連が直接参戦を嫌がっているのはスターリンのはったりで、米軍がソ連国境まで迫ってくればソ連軍を出動させて金日成を助けるのではないかと考えた。

周恩来への返答からすると、スターリンは二の解釈を取っていたのかもしれない。スターリンは周恩来に以下の意味のことを示唆した。

《ソ連は第二次大戦からまだ間もないので、極東で大戦争を行う用意はないし、ソ連・北朝鮮間の国境は狭すぎて大軍を移動できない。しかし、もしアメリカが世界の社会主義の命運を危うくするならば、ソ連はアメリカの挑戦を受けて立つ。

中国の同志が介入を拒めば朝鮮の社会主義があっという間に滅びるということを、中国の同志たちは知るべきである。

ソ連は資本主義勢力との究極の戦いのために自らを温存しておかなければならない。アジアにおけるソ連の主要な同盟国として、また、アジアの革命プロセスの覇者として、地域的な資本主義者の攻撃を振り払うのは中国の義務である。

中国が自らの歴史的役割の遂行に失敗するというのであれば、私が提案できるのは、ソ連と中国が特別な計画を作り、朝鮮の同志たちと軍が北朝鮮から撤退して満洲と極東ソビエト

に逃げ込めるようにすることだ》[8]

北朝鮮は「世界の社会主義の命運」とは関係がない。よって、アジア地域の問題である北朝鮮についての責任は、お前たち中国共産党が取れ、と恫喝《どうかつ》したわけだ。

このときの会談では、中国が参戦した場合にソ連が航空支援を提供するかどうかが明確にならず、結局、中国参戦を決定するには至らなかった。

十月十二日、スターリンは金日成に、ソ連および中国領に退避して亡命政権を作るよう助言している。最悪の場合、北朝鮮が負け、朝鮮半島全部を西側に取られる事態に甘んじてでも、国連軍と軍事衝突するリスクを避けたかったのだ[9]。

しかもスターリンは、この助言を金日成に伝えるに当たって、「中国人同志たちがそう勧めているから」といって、毛沢東に責任をかぶせている。

一九五〇年四月、金日成に「南朝鮮解放」のゴーサインを与えたときもスターリンは、最終的な言質《げんち》を与えることはせず、「個人的に毛沢東の了承を得てから」ならば「行動に移って良い」といった。今回もそのときと同じやり方である[10]。

スターリンは、アメリカと直接戦端を開くような事態を避けるために、細心の注意を払っていた。金日成と毛沢東への電信には軍事インテリジェンス用の暗号を使い、中国語での偽名「Pheng Xi」と署名している。

また、ソ連の顧問たちが三十八度線以南に行くことや、朝鮮上空を飛ぶソ連軍パイロットがロシア語を使うことも禁じた。ソ連の武器と航空支援は与えてやるが、あとは勇敢な中国人に戦わせればよいというのがスターリンの考えだった[11]。

十月十三日、毛沢東は、スターリンに対して「中国共産党政治局が参戦を決めた」と報告した。スターリンはそれを受けて、金日成に「この件について毛沢東から詳しい報告が来るので」中国への退避を一時延期するよう命じた。

翌十月十四日、スターリンは金日成に「ためらい、暫定的決断を重ねた末に、ようやく中国の同志が朝鮮に軍を出して支援するという最終決定を下した」と知らせている[12]。

そして一九五〇年十月十九日、中国共産党「義勇」軍（正式には「中国人民志願軍」、中国側は「抗美援朝義勇軍」〈アメリカに抵抗し、北朝鮮を支援する義勇軍という意味〉とも言っていた）は、中朝国境の鴨緑江を越えた。

朝鮮戦争の長期化を望んだスターリン

中国共産党は百万を超える「義勇」軍を参戦させた。この圧倒的な人海戦術により、米軍を中心とする国連軍は押し返され、三十八度線で戦線は膠着状態に陥るのだが、なんとスターリンは朝鮮戦争の長期化を望み、自分の目の黒いうちは、金日成にも毛沢東にも戦いをやめさせようとしなかった。

三十八度線で膠着状態となった一九五一年六月以降、金日成は何度もスターリンに「和平させてくれ」と懇願している。

金日成はスターリンに、長期戦によって「敵はほとんど死傷者を出さずに、北朝鮮に恐ろしい被害を与えつづけている」と訴えている。

だがスターリンは、朝鮮戦争が局地戦のまま拡大せずにだらだらと続くことを好都合だと思っていた。

一九五一年六月五日、スターリンは毛沢東に公電で「朝鮮戦争をエスカレートさせるべきではない。長期化した戦争によって、第一に、中国軍は現代的戦争を学ぶことができる……そして第二に、アメリカのトルーマン政権を揺るがし、米英軍の軍事的威信を傷つけることができる」と伝えた[13]。

それからおよそ一年後の一九五二年八月二十日、スターリンは周恩来とモスクワで会談し、「北朝鮮は戦争中に生じた死傷者を除けば何も失っていない」と言い放ち、長期化した戦争は「アメリカの弱さを顕にする」、アメリカ人は「一般に、大きな戦争を行うことはできない。特に、朝鮮戦争［開始］後は。彼らの強みは空爆と原爆だけだ」と述べている。さらに、「中国人同志たちは、もしアメリカがこの戦争に負けなければ、中国は決して台湾を手に入れられないことを知っておくべきだ」と、勝手にアメリカと休戦交渉を進めないよう周恩来に釘を刺している[14]。

スターリンは、朝鮮戦争が長引くことによって米中両国の対立を深めさせると共に、アメリカが疲弊することを望んだ。長期化すれば、北朝鮮と中国共産党軍の被害が拡大することを承知のうえで、だ。

朝鮮戦争の休戦交渉は、一九五一年七月から断続的に行われた。

そしてトルーマンの在任中、停戦に必要な論点はおおむね合意に至っていたが、最後まで障害として残っていたのが、戦争捕虜の返還問題だった。休戦交渉は一九五三年に就任した共和党のＤ・アイゼンハワー大統領に引き継がれた。

中国と北朝鮮は、中国人および朝鮮人捕虜全員を送還するよう要求していたのだが、アメリカは、捕虜のなかに、本国、つまり中国や北朝鮮への送還を望まない者が大勢いたために、送還するかどうかは個々の捕虜が選べるようにするべきだと主張していた。アイゼンハワー共和党政権は、本人の意思に反する捕虜送還は非道徳的だと考えていた。アメリカは、ルーズヴェルト民主党政権のとき、ソ連に送還されれば強制収容所に入れられるか処刑されることが明らかなソ連国籍の捕虜を強制的に全員ソ連に送還してしまった後ろ暗い過去があった。共和党のアイゼンハワー政権は、民主党政権によるヤルタ会談の恥ずべき負の遺産を繰り返すつもりはなかった[15]。

実は、中国人・朝鮮人捕虜全員の返還を休戦交渉の前提条件とすべきだと主張していたのは、ほかならぬスターリンであった。

スターリンにいわせれば、さもないとアメリカ人が彼らをスパイとして使うからだというのだが、それは口実にすぎなかった[16]。スターリンは、休戦交渉がまとまることを望んでいなかった。長期化することで中国共産党が疲弊することを願っていたふしさえあるのだ。

一九五三年三月にスターリンが亡くなったことで、ようやく戦争捕虜問題についても妥協が成立し、七月二十七日、休戦協定が成立した。

なぜ台湾ではなく朝鮮だったのか

ここで先ほどの問いに戻ろう。

金日成が何度も「朝鮮統一」の許可をスターリンに求めていたのと同様に、毛沢東も何度も台湾「解放」の許可を求めていた。だが、スターリンが朝鮮統一の許可を出したことで、毛沢東は台湾「解放」のチャンスを失った。

なぜスターリンは、台湾ではなく朝鮮を選んだのだろうか。

スターリンが何を考えていたかを直接示す史料はないが、日本から見ると、少なくとも以下のことは指摘することができる。

第一に、ソ連の安全保障戦略においては、日本に対して過剰なほどの警戒心が存在していたということである。

拙著『コミンテルンの謀略と日本の敗戦』や『日本は誰と戦ったのか』で述べたように、ソ連は戦前からずっと、日本軍がソ連に向かってこないようにするための工作を必死で行っていた。

日本への警戒は戦後も変わっていない。

スターリンが毛沢東と結んだ中ソ友好同盟相互援助条約は、先にも述べたように日本をターゲットにしているが、その前に蔣介石率いる中華民国（台湾）とのあいだで結んだ中ソ友好同盟条約もそうなのだ。

中華民国との交渉中に、スターリンは日本に対する根深い恐怖心を度々口にしている――「日本は、ドイツのように、たとえ無条件降伏を受け入れたとしても、滅びはしないだろう……我々は包囲されている。我々には出口がない。日本を全方向から、北から、西から、南から、東から、脆弱に保つべきだ。そうすれば日本はおとなしくなるだろう」。日本は「二十年か三十年もすれば力を復活させるだろう」。だがソ連が極東の港や鉄道を復活させるには四十年かかる。「だから条約を結びたいのだ」[17]。

広島に原爆が投下されたあとですら、スターリンは、日本が急速に復活するに違いないと恐れていた[18]。

第二に、日本が怖いからこそソ連は、なんとかして日本領土にソ連軍を入れて足場を作ろうと、執拗な努力を重ねていた。

ヤルタ協定で対日参戦する密約を結んだ目的は、それによって得られる利権だけではなかった。スターリンは、ソ連軍を日本に上陸させたかったのである。

一九四五年八月、南樺太や千島列島を占領しながら南下してきたソ連軍は日本軍の敢闘によって阻止されたが、ソ連は諦めず、停戦後、連合国の一員として「北海道」占領を要求している。トルーマン政権が拒否すると、スターリンはドイツで編成されたのと同様の「連合国管理理事会」を日本向けにも作ろうと提案した。米英が協議事項に入れることすら拒否したため、スターリンは、怒りを爆発させた。

《英米は、同盟国だと言いながら、図々しいにもほどがある。日本の管理委員会に関して吾々の話を聞く気すらないとは……同盟国への敬意のかけらもないことのあらわれだ》[19]

ソ連がなおも粘り強く、GHQや極東委員会や対日理事会を通じて、日本に対して「敗戦革命」を引き起こそうと対日工作を仕掛けていたことは、拙著『日本占領と「敗戦革命」の危機』でも解説したのでここでは繰り返さない。

ところが、第二章で述べたように、一九四八年ごろから日本の占領政策がいわゆる「逆コース」に転換し、GHQ内部のニューディーラーを使った「間接侵略」（国内暴動から内乱、そして共産党政権の樹立）が続けられなくなってきた。ソ連にとって、日本を「反共の防波堤」として再建する「逆コース」に邁進する米軍は邪魔でしかなかった。

第三に、朝鮮有事への対応は、台湾有事よりもはるかに大きな陸軍力が必要になる。台湾有事への対応は、陸軍よりも海軍と空軍が主役になる。

第三章で述べたように、日本国内では、在日朝鮮人組織や日本共産党がデモや暴動を頻発させており、警察だけでは太刀打ちできなかった。そこで、在日のアメリカ陸軍が日本の治安を守っていた。ゴンチャロフ氏らが、朝鮮戦争でのスターリンの思惑として、「アメリカ軍を欧州から離れたところに釘付けにする」ことを挙げているのは、それはそれで正しいが、朝鮮戦争はアメリカ陸軍を「日本の外、つまり朝鮮半島に釘付けにする」ことにもなるのだ。

これは同時に、日本の治安を守るアメリカ陸軍が不在となり、日本を内部から揺さぶる「間接侵略」を進めるのに、非常に都合の良い環境が作れるということをも意味する。

第四に、前述のズボク教授らの指摘のとおり、朝鮮半島は、日本を攻撃するために戦略的に重要な土地であるということだ。

以上のような視点が、日本の観点からは検討されるべきであろう。

中国共産党への疑心暗鬼

なお、補足しておくが、スターリンが朝鮮戦争にゴーサインを出したのは、中国共産党対策でもあった。

元エリツィン政権顧問のゴンチャロフ氏らは前掲書で「朝鮮戦争が勃発したのは、米中の関係回復を頓挫させるのに絶好のタイミングであり、それは決して偶然ではないだろう」と述べている[20]。スターリンは米中接近を警戒し、中国共産党を朝鮮戦争に張り付けることで米中を離間させたかったというのだ。

ズボク教授らも、以下の理由から、スターリンが中国共産党に対して疑心暗鬼に陥っていたと指摘する[21]。

第一に、一九四四年以降、中国共産党がアメリカ政府との連携を深めてきたこと。

第二に、周恩来をはじめとする中国共産党幹部が、親分面をするソ連に対抗するため、あえてアメリカとの連携を強化しようとしていたこと。

第三に、一九五〇年一月六日に、ソ連に敵対的になっていたイギリスが中華人民共和国を承認したことだ。毛沢東は米英と組んで、ソ連に反旗を翻すのではないかと警戒したわけだ。

ズボク教授らは、さらに別の要因として、スターリンが毛沢東の頭を抑えるために、朝鮮戦争開戦を許した可能性を挙げている。

スターリンは、中国とのあいだで中ソ友好同盟相互援助条約を締結したあとも毛沢東を信用したわけではなく、ユーゴスラビアのチトーのように毛沢東も離反するのではないかと警戒していた。朝鮮半島は日本に併合される前まで中国の勢力圏内だったから、もし中国共産党がソ連の力を借りずに「南朝鮮解放（北朝鮮による韓国併合）」を支援すれば、アジア革命の盟主としての中国共産党の発言権が強くなりすぎるし、中国の民族的野心を煽ることになりかねない、というわけだ[22]。

ソ連と中国共産党は同じ共産主義を奉じ、同盟関係を結んでいた。だからと言って一枚岩ではなかった。当たり前のことだが、ソ連と中国共産党とでは国益は異なり、スターリンは中国共産党の力が強くなりすぎることを警戒していたのだ。

核兵器の使用も検討されていた

関連して核兵器の問題についても触れておきたい。

核兵器はあまりにも破壊力が大きく、ひとたび核戦争が始まれば世界が消滅しかねないため、戦後長い間にわたって「核は使えない兵器」だといわれてきた。

しかし朝鮮戦争では、少なくとも三人が核兵器の使用を検討していた。

まず、トルーマン大統領が核兵器の使用を検討していた。

一九五〇年末の時点では、アメリカは三六九発の原爆を所有しており、日本や沖縄から出撃して北朝鮮や中国を攻撃することは容易だった。当時はまだ、ソ連の保有数はおそらく五発程度であり、信頼性もアメリカのものより劣っていた。

中国共産党軍の参戦によってアメリカ軍と韓国軍が殲滅されかねない危機的状況にあったのに、トルーマン政権が結果的に原爆使用に踏み切らなかったのはなぜか。冷戦史研究者のジョン・ルイス・ギャディス・イェール大学歴史学部教授によれば、次の二つの理由による[23]。

第一に、核兵器を使った場合の不利益が利益を上回った。原爆は、都市、工業地帯、軍事基地、交通網に使用するよう設計されたものだが、北朝鮮にはそのような目標がなく、中国軍の移動は各自が必要なものを担いで、主に徒歩で行われることも多かった。従って戦場で使っても軍事的効果があまりない。

中国領内の都市や工業および軍事施設を標的とすることは可能だし、軍事的効果も期待できたが、政治的リスクが高かった。

一九五一年春には、中国国内の攻撃を目的として、西太平洋の基地に組み立て前の原爆を運ぶところまで準備が進められたことがある。しかし、もしアメリカが中国を核攻撃すれば、中ソは同盟国なので、アメリカはヨーロッパ方面でソ連の攻撃に備えなければならなくなる。NATO各国は、ソ連からの報復爆撃か、最悪の場合、陸軍による全面侵攻を覚悟しなければならなくなる。もしそうなれば、NATO諸国はまだ軍事的に弱体だったので、ヨーロッパ諸国はソ連の恫喝に屈し、英仏海峡までソ連軍に席巻される恐れがあった。

第二に、一九五一年春には中国軍の補給線が伸び切り、連合軍の反撃が功を奏しはじめたことだ。大きく押し返すところまでは行かなかったが、三十八度線の少し北で戦線が安定し、七月に休戦交渉を始めることができるようになった。このため、政治的なリスクが高い原爆を使用しなかったというわけだ。

トルーマン政権だけでなく、マッカーサー司令官もまた核兵器の使用を検討していた。一九五一年二月末から三月初めごろ、マッカーサーは「最長十日間で」朝鮮戦争に勝つための計画を作成していた。北朝鮮の北部を大規模な空爆で攻撃するのと同時に、満洲から北朝鮮を切り離すため、敵の補給線に沿って核爆弾ではなく、放射性物質をばら撒くという作戦である。

一九五四年のインタビューで、マッカーサーは、「放射性コバルトの帯は……ワゴン、カート、トラック、航空機で撒くことができただろう……少なくとも六十年間、北からの韓国侵略を防げただろう」と述べている。

放射性物質の散布と並行して、蔣介石の国民党軍五十万人と二個師団の海兵隊で、北朝鮮の両岸北端から同時に水陸空の上陸作戦を行い、それによって「巨大な罠を閉じ」、中国人を飢えるか降伏するかの二者択一に追い込むという構想だったが、結局、参謀本部にこの作戦計画が提出されることはなかった[24]。

ちなみに、放射性物質を使って特定地域を敵が使えないようにするという考え方はマッカーサーの独創ではなく、一九五〇年六月初めにルイス・ジョンソン国防長官が公表した研究報告にすでに出ている[25]。そして現在、この放射能物資の散布は、ダーティー・ボム（汚い爆弾）と呼ばれていて、北朝鮮はすでに実用化しているといわれている。

朝鮮戦争で核兵器を使うことを主張したかどうかについてのマッカーサーの発言は錯綜しているが、マッカーサーの死後に公表された一九五四年のインタビューでは、北朝鮮の北端に放射性物質を撒く前に「三十発から五十発の原爆」を敵基地に落としたかったと述べている[26]。

核兵器を検討した三人目は、一九五三年に政権を引き継いだアイゼンハワー大統領だ。

従来、アイゼンハワー大統領の、核兵器を使うぞという「脅し」が功を奏して中国側が妥協し、休戦協定が成立したといわれてきたが、実は単なる脅しではなく、実際に核兵器を使う作戦を立てていた。一九五三年二月前半に、顧問たちに対して「戦術核兵器」を北朝鮮の中国軍に使う考えを持ち出し、三月二十一日には通常兵器による大攻撃で三十九度線近くまで進攻する考えを述べている[27]。

さらにその十日後の、ホワイトハウスにおけるＮＳＣ（国家安全保障会議）ではこう発言した。

《大統領は朝鮮戦争における核兵器使用の問題を提起した。確かにあまりよい戦術的目標はないと大統領は認めたが、しかし、核兵器の使用によって次のことができるならばやってみる価値があると思うと大統領は言った。

（１）共産軍に対して決定的に勝てること。

（２）三十九度線まで到達できること》[28]

アイゼンハワー大統領は、ＮＡＴＯ諸国は嫌がるだろうが、「核兵器使用にまつわるタブーをなんとかして打ち破る必要があるだろう」とも述べていた[29]。

近年、北朝鮮の核開発と朝鮮戦争の終結がセットになって議論されているが、それほど国際政治において核兵器の存在は大きいというべきなのだ。

関連して、二〇一八年にトランプ大統領の指示で改訂された『核戦略見直し（Nuclear Posture Review、略称ＮＰＲ）』は次のように述べている。

《ロシアと中国はアメリカの通常兵力に対抗するため、非対称的な手段と方法を追求しており、それによって、誤算のリスクや、米国・米国の同盟国及びパートナーとの軍事的紛争の可能性が増している。

両国はアメリカの宇宙環境における情報・監視・偵察（ＩＳＲ）、核指揮・統制・通信（ＮＣ３）、および、測位・ナビゲーション・タイミングの能力を奪うため、対宇宙軍事能力を開発している。

両国ともに、コンピュータ・ネットワークに依存したアメリカ軍を抑止し、混乱させ、あるいは打ち負かすための攻撃的なサイバー能力を開発しようとしている。

両国は、アメリカの精密通常打撃能力に対抗し、アメリカが欧州およびアジアの同盟国とパートナーを強化するコストを上げるために、接近阻止・領域拒否（A２／AD）能力と地下施設を展開している。

ロシア及び中国の戦略において核兵器は抑止的役割を果たしているが、ロシアは限定的な先制核攻撃の脅しや実際の先制使用に依存して、我々や同盟国やパートナーとの紛争解決に際し、ロシアにとって有利な条件を強制する可能性がある》[30]

現在、核兵器は、様々な目的に合わせて柔軟に使用できるように開発されている。「核兵器は使えないし、使われることはない」という思い込みにとらわれず、あらゆる事態を想定して、そのなかで日本をいかに守るのかを考えるべきなのだ。

【注】

1　Sergei N. Goncharov, John W. Lewis & Xue Litai, *Uncertain Partners: Stalin, Mao, and the Korean War*, Stanford University Press, 1993, p.152

2　デーヴィド・ホロウェイ『スターリンと原爆』下、大月書店、一九九五年、四〇二頁。

3　Sergei N. Goncharov, John W. Lewis & Xue Litai, *Uncertain Partners: Stalin, Mao, and the Korean War*, Stanford University, 1993, p.157.

4　平壌駐在ソ連大使テレンチー・シュティコフからモスクワの外務省アンドレイ・グロムイコ宛て暗号電報。*CWIHP Bulletin* no.6-7, 1995/1996, p.112. 邦訳はデーヴィド・ホロウェイ『スターリンと原爆』下、大月書店、一九九五年、四〇四頁による。

5　一九五〇年十月一日付フィリッポフ（スターリンの変名）から毛沢東と周恩来宛暗号電報。
CWIHP Bulletin no.6-7, 1995/1996, p.114.

6　*CWIHP Bulletin* no.6-7, 1995/1996, pp.114-115.

7　*CWIHP Bulletin* no.6-7, 1995/1996, p.116.
CWIHP Bulletin no.14-15, Winter 2003/Spring 2004, p.376.

8　Vladislav Zubok & Constantine Pleshakov, *Inside the Kremlin's Cold War: From Stalin to Khrushchev*, Harvard University Press, 1996, p.68.

9　Vladislav Zubok & Constantine Pleshakov, *Inside the Kremlin's Cold War: From Stalin to Khrushchev*, Harvard University Press, 1996, pp.68-69.

10　Vladislav Zubok & Constantine Pleshakov, *Inside the Kremlin's Cold War: From Stalin to Khrushchev*, Harvard University Press, 1996, p.63.

11　Vladislav Zubok & Constantine Pleshakov, *Inside the Kremlin's Cold War: From Stalin to Khrushchev*, Harvard University Press, 1996, p.66.

12　Vladislav Zubok & Constantine Pleshakov, *Inside the Kremlin's Cold War: From Stalin to Khrushchev*, Harvard University Press, 1996, p.69.

13 Vladislav Zubok & Constantine Pleshakov, *Inside the Kremlin's Cold War: From Stalin to Khrushchev*, Harvard University Press, 1996, p.70

14 *CWIHP Bulletin* no.6-7, 1995/1996, pp.12-13.

15 William I. Hitchcock, *The Age of Eisenhower: America and the World in 1950s*, Simon & Schuster, 2018, p.102. なお、オペレーション・キールホールと呼ばれる第二次大戦でのソ連国籍捕虜強制送還については、M. Stanton Evans & Herbert Romerstein, *Stalin's Secret Agents: The Subversion of Roosevelt's Government*, Threshold Editions, 2013, Chapter 16 で簡潔にまとめられており、Nikorai Tolstoy, *The Secret Betrayal*, Scribner, 1978が詳しく扱っている。

16 Vladislav Zubok & Constantine Pleshakov, *Inside the Kremlin's Cold War: From Stalin to Khrushchev*, Harvard University Press, 1996, p.71.

17 Sergei N. Goncharov, John W. Lewis & Xue Litai, *Uncertain Partners: Stalin, Mao, and the Korean War,* Stanford University, 1993, p.3.

18 Sergei N. Goncharov, John W. Lewis & Xue Litai, *Uncertain Partners: Stalin, Mao, and the Korean War*, Stanford University, 1993, p.3.

19 Ralph B. Levering, Vladimir O. Pechatkov, et al., *Debating the Origins of the Cold War: American and Russian Perspectives*, kindle version Rowman & Littlefield Publications, 2002, p.108.

20 Sergei N. Goncharov, John W. Lewis & Xue Litai, *Uncertain Partners: Stalin, Mao, and the Korean War*, Stanford University, 1993, p.204.

21 Vladislav Zubok & Constantine Pleshakov, *Inside the Kremlin's Cold War: From Stalin to*

Khrushchev, Harvard University Press, 1996, p.60.
22 Vladislav Zubok & Constantine Pleshakov, *Inside the Kremlin's Cold War: From Stalin to Khrushchev*, Harvard University Press, 1996, p.63.
23 John Lewis Gaddis, *The Cold War: A New History*, kindle version, Penguin Books, 2006, Chapter 2.
24 D. Clayton James, *The Years of MacArthur: Triumph & Disaster 1945-1963*, Houghton Mifflin Company, 1985, p.578.
25 D. Clayton James, *The Years of MacArthur: Triumph & Disaster 1945-1963*, Houghton Mifflin Company, 1985, pp.578-579.
26 D. Clayton James, The Years of MacArthur: Triumph & Disaster 1945-1963, Houghton Mifflin Company, 1985, p.581.
27 William I. Hitchcock, The Age of Eisenhower: America and the World in 1950s, Simon & Schuster, 2018, pp.103-104.
28 William I. Hitchcock, The Age of Eisenhower: America and the World in 1950s, Simon & Schuster, 2018, p.104.
29 William I. Hitchcock, The Age of Eisenhower: America and the World in 1950s, Simon & Schuster, 2018, p.104.
30 Office of the Secretary of Defense, *Nuclear Posture Review*, February 2018, p.7.

第八章　日本共産党の武装闘争

朝鮮戦争で「丸裸」になった日本

朝鮮戦争の勃発は、日本にも大きな影響を与えた。朝鮮半島有事となれば、日本は好むと好まざるとにかかわらず、巻き込まれてしまうのだ。

たとえば、すっかり忘れ去られているが、朝鮮戦争が始まってすぐに、山口県に韓国の亡命政権を作る構想が検討されていた。

朝鮮戦争開戦と同時に、北朝鮮軍は怒濤の勢いで進撃し、開戦三日後の一九五〇年六月二十八日には首都ソウルを占領。李承晩率いる韓国軍は日に日に退却を余儀なくされ、同時に韓国政府の場所も、ソウルから水原へ（六月二十七日）、水原から大邱へ（七月十六日）、大邱から釜山へ（八月十八日）と、どんどん南に移動を余儀なくされたからである。

釜山の先にはもう日本海、対馬海峡しかない。

《戦局の方は、国連軍の劣勢が続き、北朝鮮軍は、6月28日にはソウルに入城、韓国政府は首都を大田、大邱さらに釜山に移転、8月下旬には洛東江を渡河した北朝鮮軍は、韓国の大半を制圧し、釜山の前面にまで達したのである。その頃、外務省から、「韓国政府は、6

万人の亡命政権を山口県に作るということを希望している」との電報が入り、それらの施設、宿舎等遺漏なきようにということであった。

当時山口県は、県民分の米の配給も、半月以上欠配し、さらに軍人の復員、下関などからの引揚者が増えつつあり、6万人分の食料を確保するのは困難であった。そのため、田中知事は、再度久原《くはら》（房之助）を通して、GHQに山口県の実状を伝えさせたりした。

しかし、9月16日国連軍が仁川に敵前上陸を敢行したことにより、戦局は大きく逆転することになり、亡命政権構想も消えたのであった。田中知事は当時を回想して、「とんでもない話だ。もう、そうしたらもう、山口県人なんかどこかへ出てくれなければね。なんぼなんでも、どこかに行けやしないしね、そういう問題で」、「いま顧みれば一つの物語に過ぎないが、そのときのことを思うとゾッとする」と述べていた》[1]

この田中龍夫知事は、田中義一元首相の長男で、貴族院議員を務めたのち、戦後、山口県知事となった。その後、衆議院議員になり、通産大臣、文部大臣などを歴任した政治家だ。

先述のように、トルーマン大統領は開戦五日後の六月三十日、地上軍の派遣を決定した。二十七日の国連安全保障理事会決議で国連軍の派遣が決定されたが、北朝鮮軍が韓国軍を完全に殲滅する前に援軍が間に合うのか、まさに時間との競争だった。

すぐに朝鮮半島に派遣できる部隊は在日米軍しかない。切迫した状況のなかで、日本にいた師団を逐次投入するしかなかった。

こうしてまず、在日米軍第八軍の第二十四師団（九州）の先遣隊が七月一日に釜山に到着、七月十八日に第一騎兵師団（関東）と第二十五師団（関西）が韓国に到着。日本に残っているのは北海道・東北の第七師団だけになったが、ここからも訓練済みの兵士が引き抜かれて韓国に送り込まれ、北海道の残留部隊はほとんど骨抜きの状態になった[2]。

日本の治安を維持していた米軍の韓国派遣によって生じる「力の空白」を埋めるため、マッカーサーは七月八日、七万五千人の警察予備隊創設と海上保安庁職員の八千人増員を吉田茂政権に命じる。

八月二十三日、まず七千人が警察予備隊に入隊し、九月十日に北海道に配置された。この配置を待って、最後まで日本に残っていた北海道・東北担当の第七師団が仁川上陸作戦のために派遣されていった[3]。ある意味、仁川上陸作戦が可能になったのは、日本の治安を維持する警察予備隊が創設されたからなのだ。

よく知られているように、この警察予備隊が日本の再軍備の始まりとなり、のちに自衛隊になっていく。だが、装備や訓練にはどうしても時間がかかる。創設決定から一年近く経った一九五一年六月になってもまだ、次のような状態が続いていた。

《警察予備隊の訓練状況はお世辞にも芳しいとは言えなかった。六月上旬の極東軍レポートによれば、警察予備隊は五月一九日に、「分隊、小隊、中隊の初等戦術訓練と、これらの［戦闘］単位用の指導者開発」をようやく終了し、六月四日に大隊レベルの訓練を始めたばかりであった。

警察予備隊には重装備が供与されておらず、迫撃砲訓練すら終わっていなかった。彼らが使用できた兵器は、カービン銃、機関銃と二・三六インチ・ロケット・ランチャーに限られていた。四個警察予備隊師団はすでに定員を満たしていたが、その支援部隊は定員の五〇％にとどまっていた。また、軍団司令部は優良な将校不足ゆえにいまだに編成できていなかった》[4]

日本国内にあった旧軍の軍艦、航空機、戦車、火器は、このころにはもう完全に武装解除されて何も残っていない。

先に述べたように、一九四八年に起きた神戸の暴動では警察だけでは足りず、在日米軍が非常事態宣言を出してようやく抑え込んだ。日本国内の騒乱でも米軍が手を焼くほどなのに、米軍のほとんどが朝鮮半島に派遣された状況で、もし外敵からの攻撃を受けたら、重装備を持たない警察予備隊では歯が立たない。

朝鮮戦争の勃発によって、日本はほとんど丸裸になっていた。

「共産側の韓国侵略は日本の究極的征服を容易にするため」

ソ連のスターリンが金日成に朝鮮戦争開戦の許可を与えた背景には、ソ連による日本侵略への布石という狙いがあったのではないか。少なくとも当時のトルーマン政権は、そう受け止めていた。

一九五〇年九月、トルーマン政権のアリソン国務次官補はラジオ放送で「共産側が韓国を侵略した理由の一つは日本の究極的征服を容易にするためであった。ソ連はすでに千島を占領しているので朝鮮が共産政権によって支配されれば日本はソ連によって挟まれる形となり、真の独立を保つことは難しくなろう」と述べている[5]。

また、ケナンは『ジョージ・ケナン回顧録Ⅱ』（中公文庫、二〇一七年、四一二頁）で、スターリンが朝鮮戦争許可を決断した動機の一つは、一九四九年後半から一九五〇年初めにかけて、日本での米軍の駐留と基地の維持を伴う講和条約締結を行うことをアメリカ政府が決定しつつあったことにあると指摘している。在日米軍が講和独立後も駐留するとなれば、ソ連による日本侵略は困難になってしまう。

そこでスターリンにとっては、日米安保条約の締結によって米軍が日本に居座りつづけることが決定してしまう前に、なんとしても日本に足場を築きたかったわけだ。

スターリンが朝鮮戦争中に日本に仕掛けた様々な攻撃的工作には、朝鮮戦争の後方攪乱、つまり在日米軍を日本に釘付けにすることで、朝鮮半島に行かせないようにするという目的があったのは当然だが、それだけにとどまらない。

狙いの一つは、日本そのものだったのだ。

日本では、朝鮮戦争は、「北朝鮮、中国」対「韓国、国連軍（実質は米軍）」との戦いであり、日本はあたかも部外者であったかのように語られることが多い。

その影響なのか、現在も北朝鮮の「核・ミサイル」危機をなぜか他人事のように語る人がいるが、朝鮮半島「有事」は日本の平和と安全に直接関係してくるのであって、日本は無関係ではいられない。

実際、当時のソ連は、朝鮮戦争と在日米軍の韓国派遣を、日本の「革命」の絶好の好機と捉えていた。対日理事会ソ連代表政治顧問補佐官マーミンは、内部文書である「一九五〇年八―十二月の日本共産党の活動概況」で、日本共産党の武力革命への準備不足と行動の稚拙さを厳しく批判しながらも、次のように書いている。

《武装蜂起と革命の成功性について言えば、日共指導部が党と大衆をこの方向に準備できていれば、アメリカ占領軍の約八〇パーセントが朝鮮に派遣され、警察予備隊が創設されはじめたばかりである以上、これ以上の好機は期待しがたい》[6]

この空前の好機を活かして、スターリンは主に、①極東委員会と対日理事会、②日本共産党と在日朝鮮人組織、③ソ連抑留帰還者を使って日本に攻勢をかけていく。

時系列に沿って見ていこう。

前述したように、朝鮮戦争が始まる半年以上前の一九四九年末ごろから、スターリンは日本共産党に対して、武装闘争の準備を指示していた。

極東コミンフォルムを通じて武力革命への指令も出された。これらの動きと並行して、ソ連は、極東委員会と対日理事会でも占領政策への姿勢を強硬方針に転換している。

第一に、中国の代表権問題である。

一九四九年十二月末の安全保障理事会で、ソ連は、国連からの「中華民国」（台湾）追放と、中華人民共和国の代表権を認めるよう主張した。連動して、極東委員会と対日理事会でも、中華民国代表に代わって中華人民共和国の代表を入れるべきだと要求した[7]。

双方のメンバーであるイギリスが一九五〇年一月六日に中華人民共和国を承認しており、朝鮮戦争が勃発するまではアメリカ国務省のなかには、中国共産党政権を早期に承認する動きがあったので、もし実現していれば日本にとって非常に危ない事態になっていた。

なにしろ中国共産党政権が国連常任理事国になっていれば、日本の国連加盟は絶望的だ。国連加盟以前に、極東委員会と対日理事会に中国共産党政権が入ってしまえば、日本の再軍備は当然否定され、日本の講和独立さえも困難になっていたに違いない（ただし、朝鮮戦争の勃発後、中華人民共和国が参戦したことによって、中国共産党政権が極東委員会や対日理事会に参加する可能性はなくなった）。

第二に、GHQによる「逆コース」（日本解体政策から、反共の防波堤として日本再建へ、対日政策を転換させたこと）を妨害し、占領政策を日本解体政策の方向に引き戻すための様々な働きかけである。

日本政府が一九四九年七月に公布した政令二〇一号で公務員のストライキ権を禁止したことへの批判などいろいろあるのだが、特に重要なのが昭和天皇の戦争責任に関する強硬姿勢だ。

一九四六年春、つまり極東国際軍事裁判（東京裁判）において昭和天皇を被告人から外した時点で、一度は米ソ間で決着していたはずのこの問題を、ソ連は一九五〇年初めに突然蒸し返し、二月一日、英米中各国政府に、昭和天皇を軍事裁判にかけることを要求する覚書を送っている[8]。

ソ連の動きに合わせて、日本共産党も昭和天皇の戦争責任問題を取り上げはじめた。一九四六年一月に野坂参三が帰国して以来、「愛される共産党」をスローガンに掲げて、皇室の存続について宥和的な立場を示していたのが、ここへ来て変わったのである。

一九五〇年二月二日、ソ連のタス通信は、日本共産党が「天皇制廃止と昭和天皇の裁判」を主張したと報道した。三月二日、徳田球一が天皇を軍事裁判に引き渡すよう主張した。さらに四月一日の日本共産党の機関紙『アカハタ』は、占領軍や天皇に対するこれまでの共産党の方針が誤っていたことを示唆する記事を掲載している[9]。

日本共産党は、コミンフォルム批判を受け入れたものの、武装闘争の体制を整えるには時間がかかったが、五月三十日、朝鮮戦争勃発のわずか四週間前に、日本共産党は強力な騒擾《そうじょう》を起こすよう全国に指令している[10]。

六月六日にレッド・パージ（日本共産党幹部とその関係者を公職追放したこと）が始まると、同月二十四日、対日理事会のソ連代表代理は、マッカーサー司令官にパージ撤回を申し入れた[11]。日本共産党が自由に政治活動を展開できるよう、ソ連はマッカーサーに要求したのだ。

日本共産党北京機関と馬列学院

朝鮮戦争の開戦直後、日本国内で真っ先に動き出したのは、在日朝鮮人グループだった。日本共産党中央民族対策（民対）部の朴恩哲は、民対中央会議を招集して、「祖国防衛中央委員会」を結成、全国各地に祖国防衛委員会と祖国防衛隊を組織することを決定した[12]。ここでいう「祖国」とは、北朝鮮のことだ。

所感派の野坂、徳田らは第三章で述べたように開戦直前から地下に潜っていたが、所感派と国際派の対立は依然として続いていた。

徳田らは地下活動を続けつつ、宮本ら国際派を分派だと認定して「査問」にかけた。国際派が優勢な地域では、逆に国際派が所感派を査問するケースもあった。要は、「査問」と称して互いに暴力を振るいあっていたのである[13]。

そんななかで九月三日、『人民日報』は、「いまこそ日本人民は団結して敵にあたる時である」と題した論説で、国際派が、所感派と椎野悦郎の臨時中央指導部に無条件で従うべきだと主張した。宮本ら国際派は動揺するが、両派の分裂はのちに述べる一九五一年夏の、スターリンの別荘クンツェボで行われた会議まで尾を引く。

コミンフォルム批判を受け入れた野坂は、一九五〇年十月七日付『平和と独立のために』と十月十二日付『内外評論』（いずれも所感派の非合法機関紙）特別号に、「共産主義者と愛国者の新しい任務……力には力をもってたたかえ」を発表した。

このあと、所感派幹部の徳田と野坂は、一九五〇年十月と十一月にそれぞれ北京に密航する。そして、野坂が延安時代を共に過ごした李初梨や趙安博ら、戦時中に日本兵工作を担当した対日工作員とともに、日本共産党北京機関を開設して武装闘争の準備を始めた。

この北京機関には幹部会と、工作員から成る作業班があり、朝鮮戦争前から北京に派遣されていた安斎庫治と、徳田、野坂、伊藤律、西沢隆二、聴濤克己らが幹部会メンバーだった[14]。

北京の日本共産党幹部らは一九五二年五月から「日本自由放送」を開始して、日本国内へのプロパガンダを行っている[15]。

また、この北京機関の下で、合法・非合法、暴力・非暴力の手段を駆使できる革命家を育てる学校が作られ、高倉テルが校長を務めた。千五百人ないし二千五百人の革命家を育成したとされる[16]。

この学校は当初、河北省永年県にあった元戦犯収容所に置かれたが、その後、北京郊外に新校舎が建設され、一九五四年一月、「日本共産党中央党学校」という形で正式に開設された。別名「馬列学院」と呼ばれた。馬はマルクス、列はレーニンの意味だ[17]。

その入学者の多くが満洲残留の旧日本兵だったが、日本から中国に密航した者も六十五人いたという。密航組は、いわゆる「人民艦隊」で日本海を渡った日本共産党員だった。馬列学院の「生徒」はのちに、こう証言している。

《人民艦隊の基地は、神奈川県の城ケ崎、焼津、南紀勝浦、四国の新居浜であった。船はマグロ船。コースは九州の南方の沖を通って屋久島付近を抜けて上海に直行した。時期的に見て人民艦隊が活動したのは大体三回に分けられるという。第一回はマッカーサーの追放令が出たあと中央委員が三回に分かれて中国に渡っていった。第二回目はアジア・アフリカ会議の出席者。その次が彼ら同校生徒たちだった。彼らの場合は一船に五人から七人ずつぐらいで、一、二カ月に一回しか船が出ず、十四、五回にわたって一年がかりでやっと八十人が中国に集結できた。それにしてもこれだけ大量の人間が密出国しているのにシッポをつかめなかったのも不思議だが、いかに日共地下組織が周到だったかが知れる》[18]

徹底した共産主義教育を実施したこの「馬列学院」は一九五七年三月、閉校となり、その「生徒たち」は、中国共産党政府の保護の下、中国各地で働きながら、帰国の機会をうかがうことになった。この当時、日本と中国共産党政府とのあいだには正式な国交がなく、自由に帰国できなかったのだ。

そこで中国政府は一九五八年三月、中国紅十字会の李徳全会長を通じて「中国に帰国を希望する在留邦人たちがいる」と伝え、中国に抑留していた邦人たちと一緒に帰国させることに成功する[19]。

中国共産党の下で革命教育を受けた約千五百人近い「活動家」たちが日本に帰国後、何をしたのかはよくわからないが、日本の左翼運動に大きな影響を与えたに違いない。一九五九年から一九六〇年にかけて全国を大きく揺るがした六〇年安保闘争や、全国の大学で吹き荒れた「学園紛争」で、ゲバ文字といって中国共産党政権が制定した「簡体字」が看板やビラで多用され、毛沢東語録が革命の手引書として大いに読まれたことも、あながち無関係とは思えない。

一九六六年に始まった中国の文化大革命で毛沢東が唱えた「造反有理」（政府に対する反逆には道理があるという意味）というスローガンが、日本の学園紛争でも頻繁に使われるようになったが、その背後にも、それまでの日本共産党と中国共産党との蜜月関係、そして馬列学院の「生徒」たちの影響があったと見るべきであろう（実は文化大革命以降、日本共産党と中国共産党の関係は悪化するが、その一方で非共産党系の学生運動は中国共産党との連携を重視するようになる）。

対日「戦争」計画と日本解放軍

朝鮮戦争当時の話に戻ろう。

日本では、共産党の椎野悦郎ら四人の所感派幹部が、朝鮮戦争勃発から半年後の一九五一年二月二十三日から秘密裡に第四回全国協議会（四全協）を開き、「人民の武力闘争が革命にとって絶対に必要」だと強調する「軍事方針について」という文書を提出した。

これを契機に「非合法」部門が急速に整備され、都道府県や地区委員会などに「軍事部」が設置された。国内でのテロや暗殺を実施するため、銃や爆弾を準備し、それを使えるテロリストの養成を始めたのだ。

所感派の非合法機関紙『内外評論』は第三号以降、『食べ歩き記』『人生案内』『古書目録』『球根栽培法』などの偽装表紙をつけて刊行された。

このころ、中ソ要人のあいだで日本に対する「戦争」計画が議論されていたことを、GHQのインテリジェンス部門であるG2が摑んでいた。

《G2からもたらされたさらに重要な情報「日本向けの共産党の計画」という文章が英米、とくに英国大使館に衝撃を与えた。

そこでは一九五一年二月四日、中国の紅軍、外務省、ソ連外務省が参加し、また日本専門家の郭沫若までもが動員され、「単独講和」後の日本について話し合われた、とされていた。郭は、日本で学んだ国民党系の文学者・歴史家であるが、中国科学院委員長として毛沢東とも親しかった。

この「日本向けの共産党の計画」では、①日本共産党がストやゲリラを組織する、②日本共産党を通じ左派、右派と連絡を作る、③ソ連と中国で訓練された日本人党員の本国への浸透、④中ソ国境に「日本解放軍」を、主として日本の戦時捕虜を主体として作り、同時に中ソの「志願軍」も認める、⑤中ソが日本を占領する権利を留保する、⑥中ソは自らの利益に害を与えることが自明となる一方、和解による平和という機会が完全に失われたときには日本に戦線を広げる、⑦太平洋諸国家で、米による日本軍国主義化反対運動を行う、⑧日本での米国人暗殺、親米派暗殺、⑨日本でのアメリカによる搾取をキャンペーンすること、が課題としてあげられたという》[20]

簡単に説明しておこう。

《②日本共産党を通じ左派、右派と連絡を作る》とは、日本共産党の秘密党員などを使って左翼だけでなく、右翼とも連携していく、という意味である。たとえば、「このまま単独講和と日米安保条約を結べば、日本は永遠にアメリカの従属国になるぞ」という形で反米へと誘導するといった形だ。

《③ソ連と中国で訓練された日本人党員の本国への浸透》とは、シベリア抑留や北京の馬列学院で育てた活動家たちを、日本に送り込む、という意味だ。

《④中ソ国境に「日本解放軍」を、主として日本の戦時捕虜を主体として作り、同時に中ソの「志願軍」も認める》とは、戦時中と戦後、中国やソ連で捕虜になった日本軍兵士とその関係者によって「日本解放軍」を編成し、いざとなれば日本に攻め込ませる、という考えである。「日本解放軍」とは穏やかではないが、真面目にこうした議論が行われていたことは覚えておいたほうがいい。

《⑤中ソが日本を占領する権利を留保する》とは、サンフランシスコ講和条約締結にあたって、中国とソ連も、日本に軍事基地を置く権利を要求する、という意味だ。

《⑥中ソは自らの利益に害を与えることが自明となる一方、和解による平和という機会が完全に失われたときには日本に戦線を広げる》とは、日本が中ソの敵国となっていくようならば、朝鮮戦争や台湾紛争を日本にも波及させ、日本を戦争に巻き込む、という意味だ。

《⑦太平洋諸国家で、米による日本軍国主義化反対運動を行う》とは、講和独立後、日本が軍事的に強化されていくと、日本を「侵略」できなくなるので、アジア太平洋諸国の共産党のシンパたちを使って「日本の軍国主義化反対」の声を上げさせる、ということである。

《⑧日本での米国人暗殺、親米派暗殺》は、説明の必要がないだろう。

《⑨日本でのアメリカによる搾取をキャンペーンすること》とは、いまも続いている宣伝工作だ。確かにアメリカも慈善事業家ではないので、アメリカの国益を確保すべく、日本に対していろいろと要求してくるのは事実であり、そうした側面だけを見れば、「アメリカから搾取されている」ということも否定できない。ただし、それをいうならば、日本の自動車産業がアメリカの雇用を奪った、という「逆搾取」もあるわけだが。

スターリン直筆の指令書「五一年綱領」

このあと、一九五一年五月ごろから八月にかけて、徳田、野坂、西沢隆一ら北京にいた所感派幹部と、宮本顕治によって国際派代表としてソ連に派遣された袴田里見がスターリンに呼び寄せられ、モスクワ近郊のクンツェボにあったスターリンの別荘で会談が行われた。マレンコフ、モロトフ、ベリヤ、中国共産党の王稼祥も同席した会談は全部で四回行われ、スターリンが直々に筆を入れた日本共産党綱領（五一年綱領）の草案が決定された。

《草案の骨子は、「日本で新たな民族解放民主政府が妨害なく、平和的方法で自然に生まれると考えたり、反動的な吉田政府が新しい民主政府に自分の地位を譲るため、自ら抵抗なしに政権を投げ出すと考えるのは重大な誤りだ。逆に吉田政府は権力を死守し、日本国民を永遠に奴隷状態にとどめおくために全力で戦うだろう。そのために吉田政府は警察と軍隊をもち、占領当局の支援と地主、独占資本家、さらには天皇とその周辺の援助をうけているのだ（斎藤勉著『スターリン秘録』）というものであった。

かみくだいて言えば、「アメリカ軍が占領している条件の下で、革命が平和的に成功するなどというたわけたことを言うな」「日本共産党は、暴力革命にむけて先頭に立って決起せよ」というわけである》[21]

もともとの草案は、日本共産党が起草したものだった。しかし、スターリンと中国共産党によって、それは全面的に書き直されたのである。

《クンツェボでの二、三回目の会議の間、スターリンは日共側起草の綱領草案をズタズタにして自ら手を入れた。王家祥も三回目の会議で日共草案にあった「改革」を「革命」に直すよう口を出し、スターリンは「王同志は正しい」と即座に同意した》[22]

袴田は第四回の会談にだけ呼ばれた。

袴田は、自分たち国際派がもっともスターリンに忠実だと主張するために派遣されていたのだが、スターリンに一喝され、分派闘争を行ったことについて自己批判を書かされた[23]。

一九五一年八月十二日付コミンフォルム機関紙『恒久平和と人民民主主義のために』も、国際派を分派とみなして所感派を支持する記事を掲載した。

その一週間後の八月十九日、日本共産党二十回中央委員会総会において、非合法中央ビューローが唯一の指導機関として承認された[24]。

一九五一年十月に開かれた日本共産党の第五回全国協議会（五全協）は、スターリン直筆の指令書といっても過言ではない五一年綱領「日本共産党の当面の要求　新しい綱領」を無修正で採択した。

綱領全文は、一九五一年十一月二十三日付コミンフォルム機関紙と、十一月二十四日付『プラウダ』に掲載され、十二月一日に北京放送でも取り上げられた。五一年綱領が国際的に承認され、支持されたことを意味する[25]。

この綱領の下、日本共産党は武力革命（暴力革命ともいう）路線に邁進することになる。

日本共産党が配布した武装闘争教本

日本共産党は、一九五一年から一九五二年にかけて、武力革命の戦略や、必要な武器の製造方法、戦術などを解説する地下出版物を配布した。

一九五一年十月三日付『球根栽培法』は、「われわれは、武装の準備と行動を開始しなければならない」と題した問答集である。

「われわれに、何故軍事組織が必要か」
「敵の武装力と対抗できる軍事組織をつくることができるか」
「労働者や農民の軍事組織をつくるには、どうすればよいか」
「日本でパルチザンを組織することができるか」
「われわれの軍事組織は、どのような活動をするのか」
「われわれの軍事科学とは何か」
「結論として、われわれは直ちに軍事組織をつくって、行動を開始すべきか」

こうした問いかけを通じて、共産党員に武力革命の必要性を教え込んでいる。なかでも「われわれは、敵の武装力に対して内部工作をする必要はないか」という項目で、「アメリカ占領軍と日本の軍隊、及び警察」への「内部浸透工作」、つまり工作員を潜り込ませることの重要性と方針を次のように解説している。

《この三つは、われわれと対峙している敵の武装力の基幹である。

敵は、この三つの武装力を基礎にして、この周囲に消防団、鉄道公安官、刑務官や、ガード、職制、反動的暴力団等の、国民を抑圧する一切の暴力組織を結集しているのである。われわれの内部工作は、この総てに行われるものであるが、その中で、三つの基幹に対する工作が特に重要である。この基幹を弱めるならば、一切の暴力組織は、その支柱を失い、更に弱まるのである。……

これ等の工作で、最も重要なことは、わが党が民主的な諸団体と協同して、彼等に対する特別な行動隊を組織し、あらゆる問題を彼等に訴え、われわれの味方に引き入れるための公然たる活動を行うことである。このことと結合して、内部にいろいろなサークルや細胞を組織する活動を行わなければならない。彼等は、抑圧者の手先となっている結果、彼等自身も基本的な人権を全く無視されている。

従って、内部における闘争は、大胆に行うべきであるが、その組織は、きわめて慎重に取り扱わねばならない。

特に軍隊では、日常的な反抗を組織すると共に、敵と味方が武装して闘っている重要な時期に、少数の売国的幹部を除いて、全体をわれわれの側に参加させるための投降、反乱等を組織する必要がある。このためには、組織の温存とこれに対する系統的な指導を行わなければならない》[26]

『ビタミン療法』は放火の方法や爆発物の材料と基本的な使い方、「昭和二十六年十月、厚生省衛生試験所」と表紙に記された『栄養分析表』は時限爆弾、ラムネ弾、火炎手榴弾、タイヤパンク器などの作り方を解説している[27]。

中核自衛隊と山村工作隊、祖国防衛隊

一九五二年二月一日付『球根栽培法』は論文「中核自衛隊の組織と戦術」を掲載し、党員に対して早急に「中核自衛隊」を組織するよう命じた。

中核自衛隊とは聞きなれない言葉だが、武力革命を担うための十名一隊の攻撃部隊で、日本共産党軍事委員会の指揮を受けるものとされた。要するに、日本共産党の指示に従う党専属の軍隊を組織しようとしたのだ。

当時、日本共産党は地下指導部を、中央ビューロー、地方ビューロー、府県ビューロー、地区ビューローの四層とし、これらのビューロー（組織の局・部・課のこと）がそれぞれ、中央軍事委員会、地方軍事委員会、府県軍事委員会、地区軍事委員会を指揮する軍事組織を作っていった。そして、中核自衛隊の指揮は地区軍事委員会が執るという仕組みである[28]。

武装闘争の実行部隊として、この「中核自衛隊」のほかに、「山村工作隊」と、朝鮮人が組織する「祖国防衛隊」があった。

山村工作隊は、「農村が都市を包囲する遊撃戦」という中国革命の方法論に倣い、農山漁村に武装闘争の根拠地を作るために編成されたものだ。

軍事委員会は、中央軍事委員会が一つ、地方軍事委員会が九つ、府県軍事委員会は沖縄を除いて四十五あり、北海道には道軍事委員会が三つあった。地区軍事委員会は百九十、中核自衛隊は五百隊で隊員数八千名いたという。当時の男性は、軍隊経験者が多かったため、わずかの時間で隊員八千人の「中核自衛隊」を組織できたわけだ。

	四全協（51.2.23）～五全協（51.10.16）前	五全協～休戦協定日（53.7.27）	休戦協定～53年末	総件数
		95	1	96
		2		2
		48		48
		11		11
		20		20
		8	5	13
		15		15
	2	19	2	23
	1	9		10
	1	23	3	27
	4	250	11	265

さらに「独立遊撃隊」というものが三十四隊百五十四名いて、さらに、コミンフォルムとの連絡用、言い換えれば密航用に「人民艦隊」と称する組織があった。

前述したように「人民艦隊」は党幹部の海外脱出、国外連絡、密輸のような特別任務のほか、各港に出入りする船舶内党組織や港湾関係の党組織への指導にあたっていた[29]。

こうして武力革命への非合法組織体制を整えた日本共産党は、五一年綱領が採択された五全協（一九五一年十月十六日）以後、武装闘争を激化させていく。

元共産党員の宮地健一氏が、四全協（一九五一年二月二十三日）から一九五三年末

事件項目（注）	
1、警察署等襲撃（火炎ビン、暴行、脅迫、拳銃強奪）	
2、警察官殺害（伊藤巡査1951.12.26、白鳥警部1952.1.21）	
3、検察官・税務署・裁判所等官公庁襲撃（火炎ビン、暴行）	
4、米軍基地、米軍キャンプ、米軍人・車輌襲撃	
5、デモ、駅周辺（メーデー、吹田、大須と新宿事件を含む）	
6、暴行、傷害	
7、学生事件（ポポロ事件、東大事件、早大事件を含む）	
8、在日朝鮮人事件、祖防隊・民戦と民団との紛争	
9、山村・農村事件	
10、その他（上記に該当しないもの、内容不明なもの）	
総件数	

日本共産党が「軍事闘争」によって引き起こした事件一覧[30]

までに日本共産党が起こした事件の集計をまとめている。

上記の一覧表の1も2も3も4もテロである。総件数の大半が火炎ビンなどを使ったテロ事件だ。

5のデモも、五全協以前から共産党がずっと盛んに行ってきたデモや大規模集会とは違って、軍事委員会から武装闘争命令を受けて、最初から火炎ビンのような武器を準備して行われた、武装闘争の一環である[31]。

共産党はこうした暴力的テロ事件を、五全協から朝鮮戦争休戦協定日までの約二十二カ月間に二百五十件も起こしていたわけだ。警察署などの襲撃事件にかぎっても平均すれば月に四、五件あったのだから、たいへんな頻度である。
ほんの一端として、一九五二年三月の『朝日新聞』の見出しを拾うとこんなふうになる。

「交番襲撃で一名逮捕　三・一記念日デモ」（三月二日）
「催涙薬投げこむ　警部補居室に　警官に暴行」（三月三日）
「警官宿舎など襲撃　大阪で　旧朝連系の朝鮮人？　三・一記念日デモ」（三月五日）
「日共軍事組織を暴露　宇治で派出所を襲う　朝鮮人十名が捕まる」（三月十三日）
「ガソリンで放火　鶴見川崎両税務署　小火で消止む　税務署襲撃事件」（三月十七日）
「襲撃、八局23件に　おびえ上る税務署員　税務署襲撃事件」（三月二十一日）
「墨田税務署に放火　ガソリンで　通行人見つけて消す」（三月二十五日）
「こんどはカワラ投込む　けさ武蔵野税務署へ　税務署襲撃事件」（三月二十六日）
「また税務署に火炎ビン　八王子で　税務署襲撃事件」（三月二十八日）
「ビンを投込む　昨夜　吉川特審局長宅に　検察幹部襲撃」（三月三十日）
「また投込み事件　柳川官房長宅と馬場検事正公舎へ　牛乳ビンと丸太ン棒」（三月三十一日）

「佐藤長官宅にも投込み　検察幹部襲撃」（三月三十一日）

朝鮮戦争に呼応する形で、日本国民にテロの恐怖と不安を煽り、政情不安の空気を作ったわけだ。当時の日本国民がどんなに不安な毎日だったかが見出しからも伝わってくる。

表に載っている事件の多くについて、詳しくは元共産党員・兵本達吉氏の『日本共産党の戦後秘史』で解説されている。ここではそのなかから二つだけ挙げておく。

［曙事件］

《一九五二（昭和二十七）年七月三十日夜、山梨県南巨摩郡曙村で、日本共産党の十名の山村工作隊員が、山林地主佐野善盛宅へ「佐野善盛を人民裁判にかけ、財産を村民に分配する」と称して、竹槍、こん棒をもって押し入り、就寝中の佐野及び妻、女中、さらには小学生三人をも竹槍で突き刺し、こん棒で殴打し、あるいは荒縄で縛り上げ、頭から冷や水を浴びせるなど、暴虐の限りをつくし、また、家財道具、ガラス戸、障子、箪笥、金屏風、ふすま、ラジオ、仏壇などを片っ端から叩き壊したうえ、現金四千八百六十円と籾一俵を強奪した》[32]

［白鳥事件］

《札幌警察署警備課長の白鳥一雄警部が、札幌市内での勤務を終えて自転車で帰宅の途中、市内南六条西十七丁目路上で、背後から何者かによって拳銃で狙撃され、即死する事件が起こった。この事件は、日本共産党札幌地区委員会が、地区での党活動の取り締まりの急先鋒であった白鳥警備課長を、権力機関との対決の対象として選び、殺害を計画し、実行したものである。

事件の数日後、札幌市内で、「ああ、血も涙もない、高田市長、白鳥課長、塩谷検事らを札幌から葬れ」というビラがまかれ、これらの人たちの官舎には、石が投げつけられた。事件発生の二日後には、「見よ天誅遂に下る、自由の凶敵、白鳥市警課長の醜い末路こそ全ファシスト官憲どもの落ちゆく運命である。日本共産党札幌委員会」という、いわゆる「天誅ビラ」が市内で配られた》[33]

小学生の子供まで竹槍で突き刺し、警察官や検事たちの宿舎に石を投げ、残虐に撃ち殺す共産党員たちが政権を握ったらどんな世の中になるか、想像するのもおぞましい。ちなみに、この白鳥事件の関係者ものちに密出国し、中国にある馬列学院に入学している[34]。

これら武装闘争について一九五五年、日本共産党は自己批判し、一九五八年には「五一綱領」を廃止した。だが暴力革命（武力革命）路線の放棄は明言していない。

こうした経緯があるため、公安調査庁は日本共産党を破壊活動防止法に基づき監視対象としてきた。

最近でも第三次安倍政権が二〇一六年三月二十二日の閣議で《政府としては共産党が日本国内で暴力主義的破壊活動を行った疑いがあるものと認識している（中略）現在においても破壊活動防止法に基づく調査対象団体である》とする答弁書を決定しているわけだ。

【注】

1　庄司潤一郎「朝鮮戦争と日本の対応　―山口県を事例として―」、防衛省『防衛研究所紀要』二〇〇六年三月二十三日発行、四五頁。（　）内補足は江崎。

2　Max Hastings, Korean War, kindle version, Simon & Schuster, 2015, chronology.

3　赤木莞爾「朝鮮戦争―日本への衝撃と余波―」、防衛研究所戦史特集『朝鮮戦争と日本』、二〇〇三年、六頁、http://www.nids.mod.go.jp/publication/mh_tokushu/pdf/mh003.pdf（二〇一九年六月十日取得）。

4　柴山太『日本再軍備への道』、ミネルヴァ書房、二〇一〇年、三三九頁。［　］内の補足は原文のまま。
5 一九五〇年九月十五日『毎日新聞』夕刊。
6 和田春樹『歴史としての野坂参三』平凡社、一九九六年、二三八～二三九頁。
7 下斗米伸夫『日本冷戦史 帝国の崩壊から55年体制へ』、岩波書店、二〇一一年、一六一～一六二頁。
8 下斗米伸夫『日本冷戦史 帝国の崩壊から55年体制へ』、岩波書店、二〇一一年、一七三頁。
9 下斗米伸夫『日本冷戦史 帝国の崩壊から55年体制へ』、岩波書店、二〇一一年、二二三頁。
10 明田川融訳・解説『占領軍対敵諜報活動—第441対敵諜報支隊調書—』、現代史料出版、二〇〇四年、七八頁。
11 一九五〇年六月二十五日『朝日新聞』朝刊。
12 和田春樹『歴史としての野坂参三』、平凡社、一九九六年、二三六頁。
13 兵本達吉『日本共産党の戦後秘史』、産経新聞出版、二〇〇五年、九四頁。
14 下斗米伸夫『日本冷戦史 帝国の崩壊から55年体制へ』、岩波書店、二〇一一年、二二二～二二三頁。
15 兵本達吉『日本共産党の戦後秘史』、産経新聞出版、二〇〇五年、一八六～一八七頁。
16 樋口恒晴「戦後日本が受けた共産勢力の『侵略』」、『正論』平成二十六年六月号、八二頁。
17 「日共の革命教育はこうして行われた」、『サンデー毎日』昭和三十六年三月特別号
18 「日共の革命教育はこうして行われた」、『サンデー毎日』昭和三十六年三月特別号
19 「日共の革命教育はこうして行われた」、『サンデー毎日』昭和三十六年三月特別号
20 下斗米伸夫『日本冷戦史 帝国の崩壊から55年体制へ』、岩波書店、二〇一一年、二三〇頁。

21　兵本達吉『日本共産党の戦後秘史』、産経新聞出版、二〇〇五年、八八～八九頁。カッコ内は原文のまま。
22　斎藤勉『スターリン秘録』、産経新聞ニュースサービス、二〇〇一年、二三九頁。
23　斎藤勉『スターリン秘録』、産経新聞ニュースサービス、二〇〇一年、二三九頁。
24　兵本達吉『日本共産党の戦後秘史』、産経新聞出版、二〇〇五年、一〇〇頁。
25　小山弘健『戦後日本共産党史』、芳賀書店、一九六六年、一三六頁。
26　家庭園藝研究会編『球根栽培法』、東書房、一九五一年。デジタル画像は東京大学社会科学研究所図書室ホームページ、https://library.iss.u-tokyo.ac.jp/collection/d00/jump/6507157334.htmlから閲覧可能。または、日本共産党臨時中央指導部（所感派）著、日本の武装闘争教本資料集成刊行委員会編『日本の武装闘争教本資料集成第一巻 復刻 球根栽培法』Kindle版、出版年記載なし。
27　日本共産党臨時中央指導部（所感派）著、日本の武装闘争教本資料集成刊行委員会編『日本の武装闘争教本資料集成第二巻 復刻 新しいビタミン療法』および『日本の武装闘争教本資料集成第四巻 復刻 栄養成分表』Kindle版、出版年記載なし。
28　兵本達吉『日本共産党の戦後秘史』、産経新聞社、二〇〇五年、一〇八頁。
29　安部桂司「日共の武装闘争と在日朝鮮人」、『アジア研究所紀要』42、二〇一五年、三七頁。
30　「宮地健一のホームページ」、後方基地武力かく乱戦争行動の項目別・時期別表、http://www2s.biglobe.ne.jp/~mike/busotoso3.htm#m82（二〇一九年六月二十三日取得）。
31　兵本達吉『日本共産党の戦後秘史』、産経新聞出版、二〇〇五年、一三三頁。
兵本達吉『日本共産党の戦後秘史』、産経新聞出版、二〇〇五年、一四一～一六二、一六七～

一七一頁。

32 兵本達吉『日本共産党の戦後秘史』、産経新聞出版、二〇〇五年、一二八頁。

33 兵本達吉『日本共産党の戦後秘史』、産経新聞出版、二〇〇五年、一三五頁。

34 「日共の革命教育はこうして行われた」、『サンデー毎日』昭和三十六年三月特別号

第九章　北海道侵略の危機

「警察予備隊」への内部浸透工作

派出所を襲ったり、強盗事件を起こしたりしたところで武力革命が成功するわけがない。

恐るべきは、日本共産党が武装した大規模な組織を手にしようとしていたことだ。

一九五一年十月三日付『球根栽培法』に書いてあったとおり、日本共産党臨時中央指導部は、一九五〇年七月十日、「警察軍（海上保安庁を含む）」への内部浸透作戦実施を、各地方議長と府県委員長に指令していた。警察予備隊創設命令が出たのが七月八日だから、驚くべき迅速さである。

内部浸透作戦とは、具体的には、内部で共産党員や協力者を獲得して「拡大強化すること」、そのために最初から幹部クラスを「積極的に内部に配置すること」、内部で共産党系の「新聞配布網を確立すること」だった[1]。

米軍も、日本共産党のこうした動きを摑んでいた。米軍内部の治安関係の秘密情報伝達用文書『東京レポート』（一九五〇年七月二十一日付）は次のように分析している。

《上記の革命党の伝統的特質から、「日本共産」党は七万五〇〇〇人の警察予備隊創設を、敵の企みを利用して、この「兵力」（武装兵力）を自らの有利なように編成する好機とみなすであろう。

［日本共産］党は、この行動を注意深く研究するのみならず、予備隊への浸透のための全ての可能な手段を工夫するであろう。

さらに、この浸透は、外見上は、日本共産党と何の関係もない、あるいは反共であると主張する、人間によってなされるであろう。したがって、この試みの実現はかなり容易であると信じられる》[2]

また、Ｇ２（参謀第2部、情報担当）のウィロビー局長は一九五〇年八月十四日付メモで、日本共産党が旧日本軍の若い将校たちを利用して警察予備隊を破壊することを計画していたと記録している。メモによれば、すでに「少なくとも三八〇名」の共産主義者やシンパを浸透させていたという。ただし、Ｇ２は彼らの名前を摑んでいたとも述べている。

新聞で報道されるのはそうした状況の氷山の一角にすぎないが、当時、朝日新聞には次のような見出しが出ている。

「赤い使命で警察校へ　スパイ巡査の遺書発表」（一九五一年三月三日）
「日共スパイ巡査捕る」（一九五一年三月十八日）

在日朝鮮人ゲリラ部隊と抑留帰還者組織

ウィロビー局長が懸念していた対象がもう一つある。在日朝鮮人組織である。

一九五〇年十二月八日付、米本国陸軍参謀本部情報課長宛のメモで、ウィロビーは、日本共産党が組織・訓練している「地下武装行動隊」は日本人ではなく、在日左翼朝鮮人によって編成されていると報告した。

メモによれば、在日朝鮮人総数五十三万五八三八人中、一九四九年九月八日時点で左翼組織に属しているのが四十五万二一八人、そのうち日本共産党員が五千二五四人、共産党シンパが四万三千六四一人だった。

また、十二月十六日付メモによると、朝鮮ゲリラ部隊総員は報告されているかぎりでは七千四四一名、最大一万から一万五千人いると想定された。部隊は大阪だけで三カ所の破壊活動訓練学校を持ち、破壊工作やゲリラ戦術の訓練を活発化させていた。

メモは、米軍の戦争遂行に重要な港や倉庫・工場などの調達施設が集中している神奈川県、兵庫県、大阪府、山口県では組織化レベルが「連隊と師団」まで達していると述べている。

十二月十八日付のメモによれば、一六〇〇名の隊員がゲリラ訓練を完了していた[3]。

警察予備隊、朝鮮人ゲリラ部隊と並ぶもう一つの不安要素が、ソ連からの帰還者の組織、日本帰還者同盟である。この団体は実質的に共産党の影響下にあった。

柴山太・関西学院大学教授はこう指摘する。

《朝枝繁春元陸軍中佐（当時GHQの二重スパイ）がGHQに伝えたところによれば、八月一日の共産党幹部との会話で、「高山」（日本帰還者同盟副議長の高山秀夫と思われる）と呼ばれる幹部がソ連からの帰還者による共産党への忠誠は信用ができるとし、同党の武装蜂起を示唆していたという。

のちのG‐2内部メモによれば、当時、日本帰還者同盟は約一〇万人の構成員であった。ただし当時、朝鮮戦争での北朝鮮軍の優勢を背景に、日本共産党関係者は大言壮語の傾向が顕著であり、忠誠心の実態はそれほどではなかったと思われる。実際に、国連軍が韓国を守り切ることがほぼ確定的になった一九五一年春には、日本帰還者同盟は最大推定八万人程度までその構成員を減らした。

ただ、一九五〇年八月の時点では、警察予備隊はまだ編成と訓練が始まったばかりの段階であり、その治安能力はまだ低かった。また「高山」は朝枝に対して、武装蜂起の司令官に就任するよう要請していた。

「帰還者同盟の現在の編成は、旧日本陸軍よりも強固であり、我々はそれを完全に頼りにできる。将来、活動段階になれば、我々は、司令官としてのあなたの支援を何としても得たい。日本革命は、ソ連軍や中国共産党軍部隊による日本侵攻がなくても、日本共産党メンバーだけで適切に実現できる」

この発言は、共産党幹部が、当時、朝鮮半島での米軍の苦戦を前提として、党員の浸透により警察予備隊を乗っ取り、共産党シンパの旧陸軍将校に指揮をさせれば、日本での内戦から共産主義革命を成就できると考えていたことを示唆している。それは、朝鮮半島と日本での同時武力革命のシナリオであった》[4]

ここで、いったん整理しよう。

米軍やＧＨＱは、日本国内で暴力革命を成功させうる担い手となりかねないとして、警察予備隊に入り込んだ共産党の工作員たち、在日朝鮮人のゲリラ部隊、ソ連からの抑留帰還者を警戒していた。

このうち、在日朝鮮人ゲリラ部隊と抑留帰還者には、革命遂行のうえで共通の弱点があった。武器の不足である。

前述のウィロビーによる一九五〇年十二月一六日メモは、在日朝鮮人ゲリラ部隊は武器が乏しく、一九五〇年十一月二十七日の神戸での暴動ではこん棒、竹槍、煉瓦《レンガ》を使用していたと指摘している。

帰還者連盟に関しては、十月二日付GHQメモは、日本共産党が武器や弾薬の収集を命令したり、秘密武器庫を持っていることを示す証拠はないと報告していた。

日本共産党は朝鮮戦争の期間中、どのくらいの資金や武器を持っていたのだろうか。

たとえば、宮地健一氏は、ソ連からの資金援助額は二〇一一年の時価換算で、一九五一年分が約七二億円、一九五二年分が約十五億円としている。また、武器は、火炎ビン千本近く、拳銃数十丁、使用・保有ダイナマイト数十本と推定している[5]。

日本共産党が十分な武器・弾薬を集積できなかったため、武力革命のもっとも有望なシナリオは、警察予備隊への内部工作、あるいは在日米軍および警察予備隊からの武器弾薬奪取ということになった[6]。

げんに一九五二年二月一日付『球根栽培法』に載った論文「中核自衛隊の組織と戦術」では、次のように指示している。

《中核自衛隊は、武装した組織である。従って、これを組織すると同時に、あらゆる努力を払って武器を持ち、これを運用する技術を習得しなければならない。武装と武装行動に必要な軍事教育、軍事訓練は、中核自衛隊にとって、欠くことの出来ないものである。

中核自衛隊の主要な補給源は、敵である。中核自衛隊はアメリカ占領軍をはじめ、敵の武装機関から武器を奪いとるべきである。このことは可能である。既に、労働者はいろんな形で敵の武器を持ち出しており、大衆闘争の中でもこれを意識的に計画すれば、必ず取れることが明らかとなっている。

また、札付きの反動警察官等を襲い、武器を奪うことも出来る。われわれは、これを行わなければならない》[7]

旧日本軍捕虜部隊による「北海道」侵略プラン

こうした武装闘争、内乱の危機に加えて、ワシントンと極東の米軍は、ソ連が日本を直接攻撃する可能性も懸念していた。

柴山太・関西学院大学教授は以下の事実を挙げている[8]。

朝鮮戦争勃発から約半年後の一九五〇年十二月十九日、マーシャル国防長官は、ソ連の軍事攻撃に対する日本の脆弱性を指摘した。明けて一九五一年一月十五日、米軍統合参謀本部は一月十五日付の世界情勢分析で次のように述べた。

《ソ連プロパガンダと公式宣言・要求は、日本へのアメリカのコントロールを減らし、究極的に（それを）排除する共産主義者の努力を示唆している。伝えられる東シベリアの旧日本人捕虜を軍隊化した部隊、朝鮮戦争のために駐日米国兵力が出払っていること、そして日本自身が対外用の防衛力を持たないことなどで、日本へのアメリカのコントロールを終わらせる努力が急迫してきている》

一九五一年二月二十三日、G3（参謀第3部、作戦担当）のゲイザー作戦部門班長は、G3の新任課長マックスウェル・テーラー少将に次の報告を行った。

《日本防衛用に、マッカーサー将軍が使用できる地上戦闘部隊は現在存在しない。加えて、最近の極東視察旅行で参謀総長が気づいたように、日本の我々の基地は、切迫した攻撃を受ける重大な危険にさらされている［――それは、］中国共産主義者、ソ連に訓練され樺太に存在するとされる日本捕虜陸軍、そして極東においてこの［種の］攻撃を行うための十分な手段を持つロシア人によって》

ゲイザー班長は、現在、日本を防衛できる米軍は存在せず、もしソ連が北海道を攻撃してくればアメリカにとって大損失となるだけでなく西側防衛体制全体の崩壊ももたらすと指摘し、こう警告した。

《わが兵力配置と、ある程度日本を再軍備するわが意図を、ロシアがわかっているとすれば、その［日本］の現在の無防備な姿は、それ［ロシア］が戦端を開く決定的な要因となるかもしれない。北海道に対して、一撃を加えることで、それ［ロシア］は［次のようなことが］できる。

aＮＡＴＯ同盟国が参加［・支援］する可能性がほとんどないにもかかわらず、我々［米軍］を極東［日本防衛とそれに付随する極東全域の戦争］に関わらせる。

b［米軍を］朝鮮から即座に撤収させる。

c中国共産党の攻撃から台湾を防衛している、わが海軍兵力を引き揚げさせる。

dわが［軍］の欧州配備［計画］を著しく後退させる。
（1）第八軍が重大な危険に直面すると、その撤退を支えるために、間違いなく、すべての戦闘可能な兵力を配置しなければならなくなるだろう。
（2）アジアでの大戦争が逼迫《ひっぱく》してくれば、我々は沖縄とアラスカに援軍を送らざるを得なくなる。
（3）［そして］欧州［情勢］がまだ平静である場合、我々は、［ＮＡＴＯ］同盟国の基地から核戦争（Atomic warfare）を開始する権限を獲得するために、いやがるＮＡＴＯ同盟国を説得せざるを得ないだろう》[9]

つまり、ソ連が北海道に侵攻すれば、米軍はその対応に振り回され、手薄になった朝鮮半島や台湾も共産圏に入るばかりか、アメリカがＮＡＴＯ同盟国とのあいだで構築している西側防衛網全体が揺らぐことになる、ということだ[10]。

もっともスターリンは、朝鮮戦争に対して航空支援や顧問団を派遣しつつも、ソ連の関与が明らかにならないよう用心していた。アメリカと直接ぶつかるのを避けたかったからだ。

ソ連の正規軍が北海道を侵略すれば、米ソ戦争勃発は必至なので、ソ連が公然と対日開戦する可能性は大きくなかったかもしれない。

だが、アジア大陸のどこかに日本人捕虜を使って「亡命政権」を作り、日本人部隊が侵略する形を取るとしたらどうだろうか。あるいは、北海道で独立運動を起こさせ、傀儡《かいらい》政権を作らせて、ソ連が支援したらどうなるだろうか。

第三章で述べたように、朝鮮戦争開始の三年も前から、「ソ連から日本共産党中央委員会へ、そしてソ連で教化された［抑留］帰還者から成る突撃隊への指揮系統」を記した日本共産党の公式指揮系統図があったのだ。極東コミンフォルムは、朝鮮半島でも、日本でも、暴動を引き起こすなどの工作を行っていた。

朝鮮戦争勃発から間もないころのCIAの分析では、日本人捕虜部隊を使った場合であっても対米全面戦争になる可能性が高いことをソ連は理解しているし、仮に捕虜部隊が北海道に侵略しても、日本人は団結して排除するだろうとしていた[11]。

しかし、北海道侵略が軍事的に容易であり、得られるものが大きければ、どうなるかわからなかった。

繰り返すが、朝鮮戦争のため米軍はほぼ出払っていて、日本にはまだ十分な装備を持たない警察予備隊しかなかったのである。日本、特に北海道を攻撃すれば、ソ連は、西側の安全保障体制を大きく分断させ、朝鮮半島も台湾も手に入れられる公算も十分にあった。

北海道は放棄される予定だった

米軍情報当局は、朝鮮戦争勃発の翌年の一九五一年四月末、ソ連の北海道侵略の可能性が高まっていると判断し、五月一日から二十日まで、北海道駐屯の米軍は警戒待機体制を取った[12]。

《朝鮮半島での状況が緊迫の度を増しつつあった1951（昭和26）年4月12日、マッカーサーが解任され、その後任として第8軍司令官として米韓軍を指揮していたマシュウ・リッジウェイ大将が着任した。そしてその10日後の4月22日、中国軍3個軍（9個師団）による4月攻勢が始まった。その損害を顧みない連続不断の全正面攻撃は、米韓軍に休養と再編成を許さないものであった。第1の北朝鮮軍の侵攻、第2の中国軍の侵攻に続いて、第3の衝撃、すなわちソ連軍の本格介入による全面戦争が現実のものとしておそれられた。

5月9日の米統合参謀本部の「情勢見積り」には、ソ連の日本本土侵攻の可能性が示唆されていた。ソ連極東軍の兵力は「35個師団からなり、これには7万から10万の日本人によって構成された戦闘部隊が含まれている」と見積られていた。海軍は潜水艦多数を有し、空軍は「戦闘機2200機、600の攻撃機、1700の爆撃機、500の輸送機、300の偵察機、計5300機」としていた。その可能行動についてワシントンの上層部は「1951年の8月から9月にかけて共産陣営の全面攻勢の可能性大」とし、これらを「明らかに切迫した敵の可能行動」として最大級の危機感をもって報告されていた》[13]

実際に北海道に侵略された場合どうするか。

四月三日付作戦計画書によれば、米軍が朝鮮半島から日本に戻ってくるまでのあいだ、警察予備隊が日本を守ることになっていた[14]。

米軍第十六軍団司令部からGHQ宛八月二十日の手紙は、北海道を守れるかどうかは、警察予備隊が根室か稚内、またはその両方で、ソ連軍の進撃をどれだけ遅滞させられるかにかかっていると述べている[15]。

繰り返すが、十分な装備がない警察予備隊には、ソ連軍を撃退して排除する力はなかった。よって米軍から期待されていたのも、できるかぎり抵抗して、少しでもソ連軍の進撃速度を遅らせることであった。

だが一九五一年三月の時点で、その期待に応えることができると、米軍も思っていなかった。米軍は、有能な日本人将校とトラック不足のため、警察予備隊の戦争準備にまだ九カ月以上かかるとワシントンに報告していた。五月の時点でも、先に述べたように、重装備も司令部もない状態だったからだ。

このため米軍としては、いざとなれば、防衛線を仙台にまで下げるつもりだった。つまり、北海道と仙台以北の東北地方は、一時放棄するつもりだったのだ。

当時の関係者は次のように証言している。

《1952年、当時第1幕僚監部第3部企画班に所属していた中村（龍）は仙台で米軍との調整に当たるよう命じられたが、その際ソ連の南下を研究していた米側は「終防御線は仙台の北側だ」と考えていた。これに対し中村（龍）は北海道防衛を主張したが、米軍は「海峡を渡って、向こう（北海道）で防御することは不可能だ」と答えたという。『中村龍平オーラル・ヒストリー』120頁。

これを裏付けるように海原治は、「当時のアメリカの考えは、もし北海道が攻められたら、一応全部引き上げて、本州に白河あたりに防衛線を引く、ということでした。〔中略〕防衛力整備としては、どうしても陸の部隊を養成するのが先になる。と同時に、いつまでも米陸軍がウロチョロしているのはまずいから、早く帰ってもらおう、と考える。だから、陸をとりあえず整備しようということになった。そして、われわれは北海道の防衛を担当する、ということで、米陸軍の撤退を求めた。米軍だと白河まで下がる、と言うけれど、われわれは、あくまで北海道を死守する、そう言ったんです。こういうことで、当初は、日米の考えが違っていたのは事実です」と述べている。中村（龍）と海原の証言では、米軍が退却する地点がやや異なるが、北海道は一時放棄するという点では一致している。海原治、竹田五郎、長谷川慶太郎『討論 自衛隊は役に立つのか』（ビジネス社、1981年）58頁》[16]

いざとなれば、北海道は放棄する。そして、リッジウェイ国連軍司令官は、一九五一年十一月半ばまでは、ソ連による北海道侵略の危険性があると判断していた[17]。

朝鮮戦争と連動してソ連、またはソ連に指揮された「日本解放軍」という名の旧日本軍捕虜部隊が攻めてきたら、北海道はソ連領になっていたかもしれなかったのだ。

米軍を支えた「巨大な補給倉庫」

なぜ、ソ連は日本への侵略という選択を取らなかったのだろうか。

スターリンの慎重な性格と猜疑心とが大きな影響を与えていることは間違いない。しかし、それればかりではない。

少なくとも、次の四つの要因を考えるべきである。

第一に、米軍による断固たる反撃である。

トルーマン民主党政権は不介入政策を劇的に転換して米軍を朝鮮半島に派遣し、北朝鮮と中国軍の南下を止めることができた。

朝鮮半島における軍事的な反撃だけではなく、在日米軍の情報部G2（参謀第二部）のインテリジェンス・防諜の意義も大きい。G2傘下の第441対敵諜報支隊（CIC）が中心となって、一九四九年第一四半期から、「Project STITCH（縫い針作戦）」というソ連抑留帰還者に対する徹底した尋問調査が行われ、抑留帰還者を使ったソ連の工作の脅威に対抗した[18]。

また、G2は、警察予備隊への日本共産党の浸透工作をあらかじめ予測し、潜入者の名前を把握していた。

そして米軍が朝鮮戦争において実力を発揮できた背景には、日本の協力があったことも忘れるべきではない。

朝鮮半島の危機が日本の安全保障に及ぼす重大な意味を、時の吉田首相は深く理解していた。一九六一年十一月、日韓基本条約交渉に臨む池田勇人に対して、吉田は次の書簡を送っている（表記は一部カタカナを平仮名に改めた）。

《（前略）我国防第一線たる朝鮮の独立扶植は我外交の要点に有之《これあり》、我国自ら韓国を一手に引受くる位の覚悟を以て当たるべきもの、区々の議論に傾耳せず政治外交の大局より処理可致義《いたすべきぎ》と存候《ぞんじそうろう》、啻《ただ》に朝鮮のみならず極東一帯を我れが赤化より守る抱負と覚悟を以て之に当たるに非《あらざ》れば到底赤禍《せきか》不可防《ふせぐべからず》、先ず日韓会談に際し右之覚悟抱負を以て臨まれ度要請《たくようせい》仕候《つかまつりそうろう》、無用の言に似たるも憂国の婆心より此段得貴意候《このだんきいをえそうろう》》[19]

わが国防の第一線である朝鮮に独立を植えつけ、拡大することは、日本の外交の要点であり、日本自ら韓国を一手に引き受けるくらいの覚悟を持ってあたるべきものだ。細かい議論にこだわるのではなく、政治外交の大局を見て処理すべきだ。朝鮮だけではなく極東一帯を日本が共産主義から守る抱負と覚悟を持って対処するのでなければ、共産主義の害悪を防ぐことは、とうてい不可能である――吉田茂は、池田勇人首相にこう書き送ったのである。

朝鮮戦争への日本の協力としては掃海艇による機雷除去がよく知られているが、それ以外にも様々な形で重要な貢献を行っている。

日本の貢献について、ロバート・マーフィー駐日アメリカ大使は、「日本人は、驚くべき速さで、彼らの四つの島を一つの巨大な補給倉庫に変えてしまった。このことがなかったならば、朝鮮戦争は戦うことはできなかったはずである」と述べた[20]。

日本は特に朝鮮戦争の初期、アメリカ陸軍が使う武器や装備、弾薬の修理、再生、整備をほぼ一手に引き受けていた[21]。

初期の緊迫した状況のなかで、日本によるロジスティックスがなければ米軍は戦闘を続けることはできなかっただろう。そしてこの構図はいまも変わらない。

米軍が朝鮮半島や台湾有事で活動をしようと思うならば、日本によるロジスティックス、兵站《へいたん》が必要なのだ。

だからこそ左翼は、日本の軍需産業を執拗に攻撃し、防衛費の拡大に反対する。防衛費が少なければ、ロジスティックスを支える日本の軍需産業は衰退していくしかないからであり、げんにそうなりつつある。安全保障、防衛というと、すぐに憲法や法令の話になることが多いが、実はこのロジスティックス、特に軍需産業こそが実際の軍事行動にとっては決定的なのだ。

「軍事の素人は作戦を重視し、玄人はロジスティックスを重視する」

私は二〇一八年春に訪米し、安全保障について話し合ったが、その際、ある米軍幹部がこう述べた。軍事の玄人は、ロジスティックスを何よりも重視するのだ。

朝鮮戦争当時、作戦への助言についても、日本が果たした役割は、極めて大きなものであった。防衛研究所の庄司潤一郎氏はこう指摘する。

《開戦当時劣勢であった国連軍が巻き返す契機となった仁川上陸作戦の成功にも、旧軍人による作戦立案への協力、神戸、横須賀、佐世保など出撃基地、ＬＳＴ（戦車揚陸艦）による海上輸送、さらに、仁川の切り立った崖に適したアルミ梯子の作成など、日本は大きく貢献していた》[22]

なにしろ旧日本軍人たちにとっては、朝鮮半島は数年前まで自分たちが護っていた地であり、知り尽くしている場所である。元日本軍人による作戦立案などへの助力は、米軍にとっては、死活的にありがたいものだったに違いない。

加えて、日本の旧陸軍の情報関係者や語学専門家などが、軍事情報活動に参加していたという間接的証言がある。日本人民間パイロットがアメリカ極東空軍の指揮下に入って、スパイをアジア各地に送り込む任務に従事していたともいう[23]。

山口県の田中龍夫知事のように、地方自治体の首長でありながら、独自に朝鮮半島に対する情報収集をしていた政治家も存在していた。

《1947（昭和22）年4月、36歳の若さで初の民選知事に当選、2期6年にわたり知事を務めた田中龍夫（中略）知事は就任直後、知事部局に「朝鮮情報室」を設置、朝鮮半島から発信される中波、短波の電波を傍受、翻訳のうえ、「朝鮮情報」としてまとめ、県庁内はもちろん、首相、外相、法相など約10部を内閣にも送っていたのである。

さらに、朝鮮半島に情報員（「密偵」）までも派遣していた。こうした情報活動の基盤となったのが、朝鮮総督府時代の日本人官吏や、当時の山口県警察部の担当者らで、彼らは、朝鮮語も堪能で、かつ朝鮮社会にも深く溶け込んだ情報通の人材であった。田中知事も、「総督府にゃあ、優秀な人がおるんですよ。ほんとに朝鮮人より朝鮮語がうまいんだから」と語っていた》[24]

安全保障を米軍や日本政府任せにせず、地方自治体の知事でありながら、独自に情報部員を朝鮮半島に送っていたというのだから、大したものだ。当時の米軍からすれば、本当に「頼りになる」政治家や軍人たちが日本には存在していたわけだ。

レッド・パージと労働者勢力の反共姿勢

このように、米軍の反撃に日本が大きな力となったことに加えて、ソ連が日本侵略を諦めざるをえなくなった理由の第二として、やはり自衛隊の前身、警察予備隊の創設を挙げるべきであろう。

アメリカは朝鮮戦争を契機にして、日本を無力化しつづける「民主化政策」をやめ、「反共の防波堤」へと、日本の位置づけを変更した。これにより、日本の敗戦直後から続いてきた「力の空白」という危険性が大きく減じることとなった。

なにしろ、日露戦争では大国ロシアを打ち破り、中国大陸では連戦連勝した日本軍が、不十分ながらも「復活」したのだ。スターリンや毛沢東をして日本侵略をためらわせるには十分なインパクトであったに違いない。

第三の理由が、レッド・パージによって、日本共産党およびシンパが、マスコミや、電気・石炭・造船・金属鉱山・鉄鋼・車輌・石油・化学などの基幹産業、国鉄・専売公社・電波監理委員会を含む官公庁から排除されたことだ[25]。これらの拠点に築かれていた共産党組織の多くを叩き潰した意義は大きなものであった。このため、日本共産党は、日本での攪乱工作を実施できなかったのだ。

そして、第四の理由は、共産党を除く日本の労働者勢力、特に日本社会党と、労働組合の「総評」が中ソに同調せず、北朝鮮を厳しく批判したことだ。

日本共産党が内乱を引き起こし、社会主義革命を成功させるためには、左派勢力を糾合する必要があった。だが、幸いなことに、日本社会党と総評が同調しなかったため、内乱は不発に終わった。

なぜ、当時の日本社会党は日本共産党の掌の上で踊らなかったのか。誰が、共産党の魔の手から日本を守ったのか。そのことを次章で見ていくことにしよう。

【注】

1 柴山太『日本再軍備への道』、ミネルヴァ書房、二〇一〇年、三〇九頁。
2 柴山太『日本再軍備への道』、ミネルヴァ書房、二〇一〇年、三〇九頁。［ ］内および（ ）内補足は原文のまま。
3 柴山太『日本再軍備への道』、ミネルヴァ書房、二〇一〇年、三二七～三二八頁。
4 柴山太『日本再軍備への道』、ミネルヴァ書房、二〇一〇年、三一〇頁。
5 「宮地健一のホームページ」、戦費の自力調達、ソ中両党による戦争資金の援助、http://www2s.biglobe.ne.jp/~mike/busotoso2.htm#m7（二〇一九年六月二十三日取得）。
6 柴山太『日本再軍備への道』、ミネルヴァ書房、二〇一〇年、三一三頁。
7 日刊労働通信社編『日本共産党の文献集（第三篇）』、昭和二十七年七月、日刊労働通信社、七五九頁
8 柴山太『日本再軍備への道』、ミネルヴァ書房、二〇一〇年、三三一～三三五頁。
9 柴山太『日本再軍備への道』、ミネルヴァ書房、二〇一〇年、三三五～三三六頁。［ ］および（ ）内補足は原文のまま。
10 柴山太『日本再軍備への道』、ミネルヴァ書房、二〇一〇年、三三六頁。
11 柴山太『日本再軍備への道』、ミネルヴァ書房、二〇一〇年、三〇四頁。
12 Danzil D. Garrison, *Remembrance of a Redleg*, Oklahoma Heritage Association, 2003, pp. 37,

40.

13 葛原和三「朝鮮戦争と警察予備隊――米極東軍が日本の防衛力形成に及ぼした影響について――」、防衛省防衛研究所『防衛研究所紀要』第8巻第3号、二〇〇六年三月、二九頁。

14 柴山太『日本再軍備への道』、ミネルヴァ書房、二〇一〇年、三三六〜三三七頁。

15 柴山太『日本再軍備への道』、ミネルヴァ書房、二〇一〇年、三四四頁。

16 平山実、千々和泰明「戦後日本の防衛政策に関するオーラル・ヒストリーの活用法の一考察」、防衛省防衛研究所『戦史研究年報』第十四号、二〇一一年三月。

17 Walter Herms, *Truce Tent and Fighting Front*, kindle version, Center of Military History, United States Army, 1992.

18 進藤翔太郎「抑留帰還者を巡る米ソ情報戦」、中部大学編『ＡＲＥＮＡ』第二〇号、二〇一七年、一一三〜一一四頁。

19 吉田茂記念事業財団編『吉田茂書翰』、中央公論社、一九九四年、八五〜八六頁。

20 庄司潤一郎「朝鮮戦争と日本―日韓安保協力へ向けて―」、『ＮＩＤＳコメンタリー』第八六号、二〇一八年、二頁。http://www.nids.mod.go.jp/publication/commentary/pdf/commentary086.pdf（二〇一九年六月十八日取得）。

21 田中明「朝鮮戦争における後方支援に関する一考察―仁川上陸作戦に焦点を当てて―」、防衛研究所戦史特集『朝鮮戦争と日本』、二〇〇三年、六八〜六九頁、http://www.nids.mod.go.jp/publication/mh_tokushu/pdf/mh007.pdf（二〇一九年六月二十四日取得）。

22 庄司潤一郎「朝鮮戦争と日本―日韓安保協力へ向けて―」、『ＮＩＤＳコメンタリー』第八六号、二〇一八年、一頁。http://www.nids.mod.go.jp/publication/commentary/pdf/commentary086.

pdf（二〇一九年六月十八日取得）。

23　赤木莞爾「朝鮮戦争—日本への衝撃と余波」、防衛研究所戦史特集『朝鮮戦争と日本』、二〇〇三年、九頁、http://www.nids.mod.go.jp/publication/mh_tokushu/pdf/mh003.pdf（二〇一九年六月十日取得）。

24　庄司潤一郎「朝鮮戦争と日本の対応 —山口県を事例として—」、防衛省『防衛研究所紀要』二〇〇六年三月二十三日発行。

25　日刊労働通信社編『戦後日本共産主義運動』、日刊労働通信社、一九五五年、一二七～一二八頁。

第十章　左右の全体主義と戦った日本社会党

北朝鮮の侵略を批判した総評と社会党

日本社会党は一九七〇年代以降、北朝鮮を支配している朝鮮労働党と友党関係を築いてきた。いまでは、朝鮮戦争が北朝鮮による奇襲攻撃だったことが様々な史料で明らかになっているが、一九七六年に刊行された社会党の公式党史『日本社会党の三十年』（一三四頁）はこう記している。

《六月二五日、韓国軍が三八度線を越境交戦、反撃に転じた朝鮮軍が逆に三八度線をこえて南下しはじめた。こうして朝鮮戦争がはじまった》

侵略したのは韓国側だという、ソ連や北朝鮮のプロパガンダを公式党史に掲載しているのだ。

一九九六年に社会民主党と改称してからも北朝鮮との友好関係は変わらなかった。

日本人拉致事件についても社民党が北朝鮮を擁護しつづけてきたことはよく知られている。社民党の機関誌『月刊社会民主』に、横田めぐみさんらの日本人「拉致疑惑事件は、日本政府に北朝鮮への食糧支援をさせないことを狙いとして、最近になって考え出された事件なのである」と主張する論文を載せていたほどだ[1]。

しかし一九五〇年六月、朝鮮戦争開戦当時の日本社会党はまったく違っていた。日本社会党も、開戦直後に結成された、社会党の巨大な支持基盤である労働組合の集合体である「総評」も、北朝鮮の侵略をはっきりと批判していたのである。

開戦から十日後の一九五〇年七月五日、日本社会党中央執行委員会は「朝鮮問題と社会党の態度」という態度決定を行い、こう明言している。

《朝鮮動乱の「直接の原因は北朝鮮人民共和国が武力に訴えて朝鮮統一を敢行せんとしたところにある」》[2]

七月十一日に結成大会を開いたばかりの総評も、七月二十五日に第一回緊急評議会を開催し、「朝鮮戦争に対する態度と闘争方針」のなかで次のように決議している。

《1．今度の朝鮮事件は、北朝鮮の計画的、侵略的行為からおこっている。われわれは朝鮮の南北統一はあくまで平和的、民主的手段によって完成さるべきである、との見地から北鮮軍の武力侵略に反対する。
2. 三八度線の復元と、安全保障を目的とする国連の基本方針と行動は世界平和の維持と民主主義の立場と一致することを確認する》[3]

つまり総評は、北朝鮮の侵略を非難し、アメリカを中心とした国連軍による朝鮮戦争参戦を支持していたのである。

そもそも総評の設立の目的は次の四つで、労働者の権利を守るという観点から社会主義を支持していたものの、ソ連を中心とする共産主義には明確に反対であったのだ。

(1)政府、経営者など大部からの支配、干渉を排除すること
(2)破壊的極左労働運動は容認しないこと
(3)平和的民主的な社会主義政党と協力すること
(4)反共をつらぬき、国際自由労連と連携すること

国際自由労連（国際自由労働組合総連盟）というのは、一九四九年にマーシャル・プラン支持と反共政策を掲げて結成された世界的な労働組合の連合組織である。設立時の総評には、世界各国の労組と反共で手をつなぐという構想があった。

反共姿勢は主に社会党「右派」の路線だったが、朝鮮戦争を北朝鮮の侵略であるとする見方は社会党「左派」も共有していた。

左派の代表格の鈴木茂三郎《もさぶろう》は一九五〇年七月五日と十日の『日本社会新聞』（当時の社会党機関紙）において朝鮮戦争を「北鮮の不法進入」とみなし、アメリカの軍事介入を肯定している[4]。

ソ連軍が北海道に侵略してくるのではないかという外からの脅威と、ソ連の手先となってテロを続発させる日本共産党による、国内の脅威を受けていた日本にとって、社会党とその支持基盤である総評が中ソに同調せず、北朝鮮の侵略を批判した意味は大きかった。

社会党右派の憲法観と国防観

社会党の外交・安全保障政策は一九五〇年代以降、左派の影響力が強くなるにつれて、「非武装中立」「安保条約反対」「憲法改正反対」という非現実的なものになっていったが、右派はその後もまっとうな憲法観・国防観を維持した。

代表例として、西村眞悟元衆議院議員の父・西村栄一の国防論と憲法論を紹介しよう。

西村は「民主社会主義の立場とその自衛態勢」と題した講演録を、朝鮮戦争から三年後、日本が独立を回復した翌年の一九五三年十二月二十六日付で発表している[5]。

講演録のなかで西村は、「一切の国際紛争を武力によらず、また武力を背景とせずに解決しようという」日本国憲法が、国連が有効に働くことを前提としていると分析したうえで、国連の安全保障機構が有効に働くためには少なくとも以下の条件が満たされなければならないと指摘する。

（1）侵略が起こった場合、安全保障機構は即急に実力発動のできる仕組みになっていなければならない。
（2）安全保障機構側が侵略国に対して圧倒的な勢力をもっていなければならない。
（3）協力する国が、侵略された国の安全を、心から自国の安全と同一に見、自国の利害を常に安全保障機構の最高目標に従属させる心構えがなければならない。

だが実際には、このような条件は満たされていない。

「個人としての人間は、ある程度そうした非利己的な行動をなしうる」が、「おしなべて国家の行動は利己的なもの以外ではありえない」。「自国の利益を捨ててまで、他国のためにつくすというような行動は、とうてい期待さるべくもない」。むしろ、目の前に無防備な国があれば、国家はかえって侵略の意欲をそそのかされるのが歴史的事実なのだ。

戦力放棄・無防備論者は、国家が利己的なのは資本主義国家だからであって、社会主義国家は「平和勢力」だと主張するが、ソ連と衛星国の関係を見れば、ソ連もまた自国の利益を衛星国に押しつけていることがわかる。

論者は、世界革命が起きて共産主義の世界になれば真に自由で平等な世界が来ると反駁するかもしれないが、そんな議論は「強い者が勝ち、勝ち残った者が正義を一人占めするというごくあたりまえな政治的現実が、未来の甘ったるい希望によって、いとも手軽に見逃されているという痴呆的なうかつさ」である。

「より現実的な安全保障機構」として、日本は実際に日米安保条約を持っている。日米安保条約が「米国の利己的な面」を持っていることは否定しないが、問題は安保条約が「日本の安全に役立っているかどうかということである」。

確かに、日米安保条約には「日本人の独立意識を侮辱するものが存在する」し、日本は「自分の国を自分の力で守れず、外国軍隊の駐留のおかげで安全を保っているという情けない状態」から脱しなければならない。

しかし、「米軍の駐屯に屈辱を感じその撤去を要求するならばそれを実現する具体的措置を一歩一歩積み重ねて所期の目的を達するのが政治の任務であって、それには抽象論は許されない」。

——西村はこのように論じたのである。実に堂々たる正論である。

左右の全体主義と戦った社会党右派のルーツ

社会党右派の片山哲も西尾末広も西村栄一も、共産党と一線を画した社会民主主義の政党、社会大衆党の出身であり、戦前から労働運動に取り組んできた社会主義者であった。

私は拙著『コミンテルンの謀略と日本の敗戦』で、左右の全体主義と戦った人物として京都大学の佐々木惣一教授らを取り上げたが、片山や西尾らもまた、左右の全体主義と戦ってきた人々である。

［片山哲］

戦後、総理大臣となった片山は、大正時代に「民本主義」を唱えた政治学者である吉野作造の薫陶を受け、大学卒業後に吉野の薦めで弁護士を開業した。いまでいうプロボノ（専門的な知識や技術を社会に役立てるボランティア活動）に熱心で、「金がないために正義を主張できない」人々のために、個人では無理があるのを承知で無料弁護や実費だけの弁護を引き受けている。

だが、片山が絶対に引き受けない種類の事件があった。共産党イデオロギー関係、保守派の選挙違反、官僚の汚職の弁護である。

《私の取り扱った法律相談は、勿論《もちろん》民刑事事件を合わせ、訴訟事件もそれに加えれば、三十余年の間には実に数多きにのぼる。家庭争議の他、最も激烈深刻なる労働争議、悲劇的な小作争議、借家争議等、全く数えきれない程である。而《しか》して私の方針としては民刑事事件を通じて、官吏汚職事件、共産党イデオロギーに関する事件、保守党の選挙買収事件は絶対にやらぬ方針であった。また特権階級の利益を代弁して、勤労者を追求する事件も担当しない方針で、これも最初から一貫してきた》6

弁護士事務所を開設して早々に引き受けたのが、大正九年（一九二〇年）に起きた森戸事件の弁護だった。

無政府主義の思想を学術雑誌に紹介した森戸に対して、東大教授の上杉慎吉を中心とする興国同志会らが批判し、雑誌は回収処分となっただけでなく、新聞紙法第四十二条の朝憲《ちょうけん》紊乱《びんらん》罪により森戸は起訴され、文部省に従った当時の東大総長・山川健次郎によって休職処分となったのだ。

これに対して吉野作造らは「言論の自由、学問の自由を守れ」といって、政府文部省の措置を厳しく批判した。

片山は次のように回顧している。

《森戸君は、なかなかの名文家であって、原作者クロポトキンの論文を詳細に解説しすぎた感はあるけれども、自己固有の所説として、自分はクロポトキンと同じ無政府主義思想を持つなどとは、少しも書いていないのであった。にもかかわらず、紹介・解説すらいけないというのが、当局の意向であって、当時の言論弾圧状態には、全く驚き入るばかりである。

われわれは、当局の思想問題に対する無理解と弾圧を攻撃し、その無罪を主張し、更に進んで言論の尊重、思想研究の自由を強調した。この問題の重要性に鑑み、特に特別弁護人として、当時斯界《しかい》の権威者を集め、堂々たる論陣を張って両被告の弁護に当って貰った。佐々木惣一（京大教授）、吉野作造（東大教授）、三宅雪嶺（政治評論界の長老）の三博士及び安部磯雄（早大教授）先生らであって、思想界の権威が一堂に会し、まれな豪華弁護陣を成した。その中で、吉野博士は思想問題を解説し、森戸君の主張の違法に非ざる所以を弁論されたが、理論的でかつ内容豊富な弁論であり、多大の感銘を多くの人々に与えた。私も大いに感激して謹聴した。結局、大審院まで上告をしたが、森戸君は実刑を喰うという非常識ぶりであり、雑誌の出版発行人になったに過ぎない大内君も、罰金を課せられるという前世紀的、頗《すこぶ》る旧式な判決を受けたものであった》[7]

片山はロシア革命について、最初は社会主義政治を実現するものと思ったが、暴力によって労働者政権を樹立する、レーニズムによる革命であることが調べるうちにわかってきて、日本の実情に合わないと考えるようになったと述べている[8]。

一九三五年、美濃部達吉博士の「天皇機関説」問題が起きたときも、片山は、のちに連立政権を組むことになる芦田均と共に「学問の自由の尊重」という立場から美濃部博士を擁護した。

戦時中の一九四〇年に斎藤隆夫代議士が反軍演説を行ったために国会を除名された事件では、除名に反対している。斎藤除名事件のことは、次の西尾末広の項で改めて述べよう。

［西尾末広］

西尾は職工として労働運動に携わったことが出発点のたたき上げ政治家である。社会主義の理論に関心は持っていたが、空理空論をもてあそぶような思想家には批判的だった。

一九二〇年に大原社会問題研究所の労働講座が大阪に創設されたころのことを、こんなふうに述べている。

《荒畑寒村を中心とするＬＬ会にもよく行った。……私は社会主義の理論についても十分興味を持っていたし、知識欲旺盛な時代だったのでよく議論もした。

あるとき、荒畑はカンカンになって私にくってかかった。それは、その頃（一九二〇年十二月）東京で結成式を挙げる予定になっていた社会主義同盟について、私が『労働者新聞』

で、「いろいろ思想の違った連中の寄合いでは、今後いろいろ渦を巻き起こす事だろうが、われわれはこの渦に巻き込まれぬよう用心しなくてはならぬ」とやや冷笑的に批判したことからの憤慨である。

この記事は、少なくとも社会運動に携わるものの立場としては、少しく冷淡に過ぎるものであったかも知れぬ。だが私は、労働組合の実際的な運動をどうして発展させるかという気持ちで一ぱいである。その実際運動に疎い思想家連中に組合をかきまわされ、これに煩わされる危険を感知していたので、あえて実際運動の立場から論評したのである。

荒畑は、私の顔を見ると真赤になってどなりちらした。いや、真赤というより満面ドス黒くなってがなり立てるのである。

「日本では、労働者がいつも社会主義者を裏切って、孤立に陥れて来た」

と怒号し、ついには嗚咽するのである。私はこの様子を見て、「この人は、あまりにも激情にすぎる。指導者としては不適格者だ」と思って、この抗議に対して議論する気にもなれなかった。

荒畑は当時サンジカリズム（労働組合主義）の熱心な伝道者だった。そのいうところも一応理解しておかねばならぬと思っていた。しかし荒畑氏は労働組合の内部事情にはくらく、サンジカリストの感情的主観的理論の空転を内心冷笑するようになってきた。それ以来私はＬＬ会の会合にも遠ざかるようになった》[9]

一口に社会主義者といっても、イデオロギー偏重で、労働者が自分の思い通りにならないことに憤激する活動家もいれば、実際に労働者の境遇をなんとかしたいと泥にまみれて働いて来た西尾のような人もいたのだ。

戦前、社会主義に近づいた人々の多くは、ソ連のように国家を転覆する武力革命をやりたかったのではなく、労働者の待遇改善、貧困問題に真剣に取り組みたかったのだ。

西尾は一九二四年、思いがけなくソ連を訪問する機会があった。ＩＬＯ（国際労働機関）総会に随員として参加したとき、朝日新聞ベルリン特派員の岡上守道を介してソビエト労働組合書記長ロゾフスキーからの招待状を受け取ったのだ。

そこで西尾は、代表の顧問として随行していた川村保太郎とともに、日本政府には秘密でソ連を訪問し、日本共産党員の佐野学の案内でコミンテルン第五回大会を傍聴したりした。

しかし、西尾は大会会場の一室に貼ってあった世界労働運動地図を見て、共産主義の宣伝があまりにも誇大で欺瞞的であることを痛感した。その部屋に貼られた日本地図では共産党系組合員が五万五千人いると表示されていたが、実際には当時の日本の組合員の合計が約十万人、共産党系はそのうちの二千から三千人しかいなかったからだ。

江上照彦『西尾末廣伝』はこう記す。

《（西尾）末廣はもともと共産主義には批判的で毫末《ごうまつ》もこれに傾くことはなかったが、共産主義者が称える「労働者の祖国ソビエト」の実態を、その目で確かめてみたい気持ちは強かった。それがやっと実現したのだ。しかし、せっかく招いてくれたロゾブスキーには悪いが、幻滅というより案の定だった。ロゾブスキーの言う「協調主義の塵埃《じんあい》を落として帰るかわりに、共産主義の幻影を打ち砕いてロシアを去った」末廣だった》10

戦前からソ連、コミンテルンと交渉があった日本人は多いが、それら全員がソ連、コミンテルンに同調したわけではなかったのだ。

国会での自由な討議を守ろうとした気骨ある政治家

戦後、第一次吉田内閣で閣僚になった斎藤隆夫代議士は、戦前の右翼全体主義の圧迫のなかでも政府を批判することを恐れなかった、気骨のある政治家である。

斎藤は国会で「反軍演説」を行ったとして、一九四〇年三月七日、本会議で除名が可決され、国会除名処分を受けた。「反軍演説」とは、シナ事変への政府の対応を質すもので、時間にして一時間半、文字数にして一万数千字に及ぶ大演説である。

一九三七年の盧溝橋事件を発端として、宣戦布告もないままに拡大したシナ事変は、事変勃発から二年半以上経っても一向に終わる見通しが立っていなかった。

事変が始まったときの総理大臣・近衛文麿は三次にわたる声明を出すことによって、事変を泥沼化させていた。

第一次声明では、当の交戦相手である蔣介石を「対手《あいて》にせず」といい、第二次声明では日本・満洲・中華民国による東亜新秩序を謳い、第三次声明では「善隣友好、共同防共、経済提携」という、いわゆる近衛三原則を示したが、中国側が最も重視していた「二年以内の撤兵」が入っていなかった。

まず、「対手にせず」といって中国国民党の蔣介石の顔をつぶし、その後、中国国民党側から見ればわけのわからない「東亜新秩序」を持ち出し、挙げ句に、交渉で合意要件になっていた「中国大陸からの日本軍撤兵」を削ってしまったわけだ。日本側の約束違反に中国国民党側が硬化し、和平交渉が頓挫した結果、泥沼の戦いが続いていた。

斎藤は、政府はシナ事変をどうやって終わらせるつもりなのかを問いただした。

《いったい支那事変はどうなるものであるか、何時済むものであるか、何時まで続くものであるか。

政府は支那事変を処理すると声明しているが、いかにこれを処理せんとするのであるか。国民は聴かんと欲して聴くことができず、この議会を通じて聴くことができうると期待せない者は恐らく一人もないであろうと思う。

曩《さき》に近衛内閣は事変を起しながら、その結末を見ずして退却をした。平沼内閣は御承知の通りである。阿部内閣に至って初めて事変処理のために邁進するとは声明したものの、国民の前には事変処理の片鱗《へんりん》をも示さずして総辞職してしまった。現内閣に至って初めてこの問題をこの議会を通して国民の前に曝《さら》け出す所の機会に到来したのであります。

ここにおいて私は総理大臣に向って極めて率直に御尋ねをするのである、支那事変を処理すると言わるるのであるが、その処理せらるる範囲はいかなるものであるか。その内容はいかなるものであるか、

私が聴かんとする所はここにあるのであります》

斎藤は、シナ事変が始まって一年半も経ってから政府が第二次近衛声明で「東亜新秩序の建設」と言い出したことや、シナ事変は八紘一宇《はっこういちう》の精神に基づくもので東洋平和・世界平和のための聖戦であるといいはじめたこと、つまりシナ事変の長期化を容認するようになったことを強く批判した。

そして、「唯徒《ただいたずら》に聖戦の美名に隠れ国民的犠牲を閑却し」たままで、世界平和だとか、国民精神総動員など空虚なスローガンをもてあそび、国家百年の大計を誤るようなことがあってはならないと訴えたのだった。

斎藤による政府批判は真摯で的を射たものだったが、陸軍の反発におびえた衆議院議長は議事速記録から演説の後半部分を削除し、斎藤が所属していた民政党は議員辞職を勧告した。そして、斎藤は懲罰委員会にかけられ、国会除名が可決してしまったのである。

採決に加わった議員三〇三名のうち、賛成は二九六名、反対は七名であった。

長期化するシナ事変をどのように収拾するつもりなのか、国会で政府に質問しただけで国会から除名されてしまったわけだ。議会政治の自殺に等しい出来事であり、日本憲政史の汚点として長く記憶されるべきである。

この採決で、片山、西尾らは、政党人としてできるかぎり最大限の抵抗をしている。

社会大衆党の安倍磯雄、片山哲、西尾末広は、不登院で棄権、つまり、議場に行かずに棄権した。鈴木文治、水谷長三郎、松本治一郎ら社会大衆党員七名は、登院したうえで棄権した。斎藤除名の採決に棄権したこれら十人の社会大衆党員は、社会大衆党が党議として除名を決議したため、反対票を入れることができなかった。だから棄権という形をとったのである。棄権した十名のうち、安部と松本を除く八名が党を除名された。安部と松本は自ら社会大衆党を離党した[11]。

要するに戦前の国会は、一部の気骨ある政治家以外は、陸軍の反発を恐れて、国会での自由な討議を否定してしまったわけだ。

社会党結成懇談会では天皇陛下万歳が唱和された

西尾らは、東條英機内閣による「憲政」破壊にも果敢に抵抗している。

西尾は、労働組合を骨抜きにするとして産業報国会運動に抵抗したし、西尾、片山らは、議会制民主主義を否定しかねない「大政翼賛会」に反対して翼賛選挙（東篠英機内閣下で一九四二年四月に行われた第二十一回衆議院議員総選挙）に臨んだ[12]。

また、戦時中の一九四二年十二月二十四日に召集された第八十一議会で、「戦時行政特例法案」と「戦時刑事特別法改正案」が政府によって提出された。

「戦時行政特例法案」というのは、各省庁が所轄する事項について、必要に応じて各省大臣を指揮命令できる権限を総理大臣に与える法案である。可決されれば東條首相が独裁的権力を持つ可能性があった。

「戦時刑事特別法改正案」は、国政を批判したり反対したりする者に対する罰則を強化する改正案である。運用次第では、一切の政府批判ができなくなってしまいかねなかった。

これら二つの法案に対して反対したのも、のちに社会党右派となる水谷長三郎と西尾末広らと、保守派の三田村武夫や笹川良一らだけであった[13]。

このように戦前・戦中、議会制民主主義と言論の自由を守ろうと奮闘した社会主義者たちが敗戦後に結成したのが、日本社会党だった。

一九四五年九月、日本社会党結成のための結成懇談会の様子を、荒畑寒村は『自伝』で次のように描写している。

《「結成懇談会には、名古屋の『忠孝労働組合』の山崎某も出ていれば、右翼の津久井某も来ており、浅沼稲次郎が開会のあいさつのなかで堂々と国体擁護を主張するやら、最後には賀川豊彦が天皇陛下万歳の音頭をとるやら、遺憾なくその本質を暴露し、私たちの一団は、天皇陛下万歳の唱和に憤慨して退場したほどであった」》[14]

議会制民主主義を支持されている昭和天皇のもと、新しい日本を再建しようとした社会主義者たちが集まって日本社会党を結成しようとしたため、その結成懇談会では、天皇陛下万歳が唱和されたのだ。

日本社会党と総評の左傾化

日本社会党がおかしくなっていくのは、朝鮮戦争「後」だ。

一九五〇年六月に朝鮮戦争が勃発し、トルーマン民主党政権は「日本を反共の防波堤」とすべく警察予備隊の創設を命じるとともに、早期に独立をさせようと、一九五一年九月のサンフランシスコ講和会議に向けて、講和条約の中身に関する外交交渉を進めていた。

日本国内で問題となっていたのは、主として次の三つであった。

「単独講和か全面講和か」
「日米安保条約の締結に賛成か反対か」
「日本の再軍備に賛成か反対か」

単独講和とは、アメリカを中心とした自由主義陣営との国交回復・樹立を優先させることだ。全面講和とは、ソ連を中心とする共産主義陣営とも国交回復・樹立を行うことで、アメリカを中心とした自由主義陣営に属することに事実上、反対することを意味していた。

この三つの大テーマに関する態度を決定すべく一九五一年一月十九日から三日間、日本社会党は第七回党大会を開いた。左派の鈴木茂三郎が委員長に就任し、中央執行委員会は、左派十五名、中間派五名、右派十名で、結党以来初めて左派が多数を占めた[15]。

右派はこの大会で次のような「外交方針修正案」を提出し、一九四九年に左派主導で社会党が決議していた「全面講和」（ソ連と協調）、「中立堅持」（日米安保条約反対）、「軍事基地反対」（日米安保条約反対）の平和三原則の修正を図った。

《（1）全面講和を主張するとともに、講和条約の内容に重点を注がなければならない。中立堅持の方針は、一定の実力的背景を必要とする。それがために自衛を確立するのは当然である。

（2）自衛力確立にあたって、封建的軍国主義の再建であってはならない。特定国家の傭《やと》い兵となって、海外に派兵されてはならない。国民の経済負担を圧迫してはならない。

（3）共産党と対決するためには、社会党は労農階級のみに偏すべきではなく、国民組織として、生産防衛・国土防衛の有機的結合のうえに、再編成しなければならない》[16]

パッと見ただけではわかりにくいが、(1)は実は、全面講和か単独講和かという「形式」ではなく「内容」が重要だという表現で、場合によっては全面講和でなくてもよい、つまり自由主義陣営との講和優先に賛成する、という意味だ。また、自衛力の確立を強調しているのは、再軍備容認の方向を目指す意味合いがあった。

だが「米ソを含むすべての国と仲良くすべきだ」「再軍備に踏み切れば、日本は再び戦争に巻き込まれる」とする宣伝に同調した青年部や婦人部の反対によって右派の「修正案」は否決されたばかりか、逆に平和三原則に「再軍備反対」を加えた「平和四原則」が決議されてしまう。

ソ連との提携を重視する社会党左派が優勢になった背景には、社会党の支持母体である労働組合の左傾化という問題もあった。というのも、総評の事務局長に、戦前から人民戦線の活動に携わっていた高野実が就任し、一九五一年三月十日から開かれた第二回総評大会で急速に左旋回したのだ。

結成当時の総評がソ連と共産主義に反対する反共路線だったことは先に述べたが、組合の多くがこの時期に次々と左傾し、ソ連との協調を謳った平和四原則を強く主張するようになっていく。海員組合のように、自衛権を強調し、「中立はありえない」と主張する組合もあったが、日教組、国労、全逓、私鉄、電産、新産別などの組合は平和四原則を主張したのだ[17]。

「民主社会主義者」たちが日本共産党の武装蜂起を抑え込んだ

一九五一年九月四日からサンフランシスコで対日講和会議が始まり、九月八日にサンフランシスコ平和条約と日米安保条約が調印された。そして両条約への対応をめぐって、社会党は分裂することになる。

社会党内には、次の三つのグループが存在した。

（1）両条約賛成
（2）両条約反対
（3）（1）と（2）の妥協案として、講和条約賛成、安保条約反対

（1）は元外交官の曾禰益《そねえき》や西村栄一らの右派、（2）は勝間田清一らの左派、（3）は浅沼稲次郎や水谷長三郎らが支持していた。

この三案は、党内調整の結果、次の二つに絞られた。

A案　講和条約賛成、日米安保条約反対

B案　両条約反対

そして社会党中央執行委員会では一六対一四でA案が採択された。日米安保条約の締結には反対するものの、アメリカを中心とする自由主義陣営に日本が所属することには賛成したわけだ。

ところがその直後の一九五一年十月二十三、二十四日に行われた第八回臨時党大会で、左派の鈴木茂三郎委員長はB案を強引に通そうとした。その結果、臨時党大会の場で左右両派の対立が激化し、それぞれ「左派社会党」「右派社会党」として分裂した。

右派は、国会議員の数では左派に優っていたが、党内の青年部や婦人部では左派が強かった。しかも、総評を掌握したのも、左派であった。

選挙で勝つための集票マシーンである総評を取られたままでは、いずれ国会議員の数でも左派が優勢になることが目に見えていた。

事実、一九五二年十月の総選挙では、右派社会党五十七議席・左派社会党五十四議席と、国会議員の数は拮抗していたのが、一九五三年四月の総選挙では左派社会党七十二議席に対して右派社会党は六十六議席となり、さらに一九五五年二月の総選挙では左派社会党が八十九議席に対して右派社会党は六十七議席となり、左派社会党が優勢の度を強めていった。

分裂中に、左派はイデオロギー的に先鋭化し、労働者・農民の階級闘争による革命で権力を奪取することが社会党のあるべき途だと主張した。

一方、右派は、西村栄一が一九五四年一月に「社会主義と自衛問題」という論文で左派の無防備中立・非武装無抵抗主義を批判して、自衛力の保持を訴えている。

また、西尾末広は同年五月に「社会党統一問題への考察」を発表して、もし左右両派が再統一するのであれば「国民が安んじて政権を任せうるような社会党」になるべきであり、「マルクス主義や労働者偏重の階級政党を脱皮して、広く勤労者層を基礎にした国民政党にならなくてはならない」と主張し、武力革命を明確に否定した[18]。

一九五五年十月に、左右に分かれた社会党は再統一を果たすが、基本的な価値観がこれほど違う左派と右派が合同するには無理があった。

一九六〇年の日米安保条約改定をめぐって左右の対立が再び激化し、西尾、片山、西村、曾禰ら右派は次々に脱党して、一九六〇年に民主社会党（のち民社党に改称）を結成することになる。

民社党の党勢は、一九九四年に新進党結成に伴って解散するまで、衆参合わせて約二十議席から四十数議席のあいだを推移し、結党時の五十七議席を超えることはできなかった。

そのためか、いまや「社会党右派」「民社党」のことを知っている人もごくわずかになってしまった。戦前から戦後にかけて、左右の全体主義から言論の自由を守り、労働者の権利を守り、かつ自由主義陣営の一員として再軍備に賛成していた社会主義政党が存在していたことは、すっかり忘れ去られてしまったように見える。

だが、西尾、片山、西村、曾禰ら「民主社会主義者」たちの奮闘が、日本共産党による武装蜂起を不発へと追い込んだ歴史は、改めて思い起こされるべきだ。

北朝鮮が韓国侵略に失敗した大きな理由の一つは、韓国の左派、労働組合が北朝鮮軍の韓国侵略に呼応して蜂起しなかったことにあった。同様に、スターリン率いるソ連が、朝鮮戦争を契機に北海道に侵略してこなかったのも、日本共産党の武装蜂起に、日本社会党と労働組合が呼応しなかったためという側面があったのだ。

もし朝鮮戦争当時、日本共産党の武装蜂起に呼応しないまでも、日本社会党が、北朝鮮の味方をして米軍への協力への反対運動を強力に展開していれば、米軍への補給や艦艇・戦闘機の修理などは滞り、米軍はもっと苦戦を強いられていたかもしれなかった。そうなれば、あるいは朝鮮半島全体が北朝鮮に支配され、防衛ラインは対馬海峡になり、日本海側の海運ルートは麻痺《まひ》し、日本海側の地域はもっと危険に晒《さら》されていたかもしれないのだ。

外国による対日工作に立ち向かうためにも、まともな安全保障政策を掲げるリベラル政党と労働組合もまた必要であることを、朝鮮戦争の危機は私たちに教えてくれているといえよう。

【注】

1　「拉致事件を放置した政治家・外務省・言論人」、日本政策研究センターホームページ、http://www.seisaku-center.net/node/401（二〇一九年六月二七日取得）

2　月刊社会党編集部『日本社会党の三十年』、日本社会党中央本部機関紙局、一九七六年、一三四頁。

3　月刊社会党編集部『日本社会党の三十年』、日本社会党中央本部機関紙局、一九七六年、一三五～一三六頁。

4　ペテル・デュラナ「朝鮮戦争に対する日本社会党の同時代的対応」、『アジア地域文化研究』(5)、四三‐五九、二〇〇八年、四三頁。

5 大嶽秀夫編著『戦後日本防衛問題資料集』第三巻、三一書房、一九九三年、一六七～一七五頁。
6 片山哲『回顧と展望』、財団法人片山記念財団、二〇〇〇年、一一七頁。
7 片山哲『回顧と展望』、財団法人片山記念財団、二〇〇〇年、九九～一〇〇頁。
8 片山哲『回顧と展望』、財団法人片山記念財団、二〇〇〇年、六九頁。
9 西尾末広『大衆と共に 私の半生の記録』、日本労働協会、一九七一年、七一～七三頁。
10 江上照彦『西尾末廣伝』、「西尾末廣伝記」刊行委員会、一九八四年、一九三頁。
11 江上照彦『西尾末廣伝』、「西尾末廣伝記」刊行委員会、一九八四年、三三四頁。
12 梅澤昇平『片山哲と「中道連立」』、桜町書院、二〇一八年、一二～一四頁。
13 江上照彦『西尾末廣伝』、「西尾末廣伝記」刊行委員会、一九八四年、三三七～三三八頁。
14 月刊社会党編集部『日本社会党の三十年』、日本社会党中央本部機関紙局、一九七六年、二四頁
15 ペテル・デュラナ「朝鮮戦争に対する日本社会党の同時代的対応」、『アジア地域文化研究』(5)、四三 - 五九、二〇〇八年、四八頁。
16 月刊社会党編集部『日本社会党の三十年』、日本社会党中央本部機関紙局、一九七六年、一四一頁。
17 月刊社会党編集部『日本社会党の三十年』、日本社会党中央本部機関紙局、一九七六年、一四三～一四四頁。
18 中村菊男、高橋正則編著『西村栄一伝―激動の生涯―』、富士社会教育センター、一九八〇年、二〇七頁。江上照彦『西尾末廣伝』、「西尾末廣伝記」刊行委員会、一九八四年、四五〇～四五一頁。

おわりに——朝鮮戦争に「関与」した日本

福岡では、空襲警報が鳴らされた

「朝鮮戦争のとき、空襲警報が鳴ったことがある」

一九八〇年代に大学生として福岡市で暮らしていたとき、何度か、ご年配の方からこの話を聞いたことがある。福岡には、元寇防塁跡《げんこうぼうるい》なども残っていて、朝鮮半島から元が攻めてきた歴史を感じる遺跡も多い。近現代史について学ぶサークルに属していたとき、酔うと「元寇」という歌を歌う先輩がいたこともあって、玄界灘（日本海）を超えて「誰か」が攻めてくる、という感覚が自然と身につくことになった。

残念ながら、日本がいくら日本国内に引きこもって安穏に暮らしたい、外国との「つきあい」を謝絶したいと考えたとしても、「外国」はその国の都合や国家戦略に基づいて日本に様々な政治工作を仕掛けてくる。そして、自らの平和と安全を守ろうと思うならば、予《あらかじ》め「対策」を講じておかなければならない。外国の「対日工作」に鈍感であってはならないのだ。

そうした冷厳な事実は、現行憲法において戦争を放棄した戦後においても、些《いささ》かも変わっていない。

その実例として本書では、日本が戦争に負けたあと、日本を占領したGHQ、アメリカのトルーマン民主党政権、ソ連のスターリン、中国国民党の蔣介石、中国共産党の毛沢東らが、日本を含むアジアについてどのように考え、どのように「朝鮮戦争」が起こり、日本はどのように「紛争」に巻き込まれたのかを描いている。

では、朝鮮戦争において、日本はどのように関与したのか。

日本共産党政策委員長だった吉岡吉典参議院議員が昭和六十二年（一九八七年）二月二十一日付で「朝鮮戦争への日本人のかかわりに関する質問主意書」を提出し、政府に対して次のような質問をしている[1]。

《戦後、日本がアジアでの戦争にどのような形でかかわりあってきたかを正確にしておくことは、日本とアジアの平和と安全を考えるうえで必要なことである。

日本は、直接戦場にはならなかったものの朝鮮戦争とベトナム戦争という戦後最大の二つの戦争で、日本なしにはこの戦争は遂行できなかったといわれるほどの役割を果たした。

とくに朝鮮戦争では、日本は、朝鮮出撃の基地となったほか、多数の日本人が直接戦場に派遣させられ朝鮮戦争に協力させせられて、すくなからぬ犠牲者も出ている。
しかるにその実態はいままであきらかになっていない。そこで、朝鮮戦争のさい、「国連軍」協力のため、日本から朝鮮戦争に派遣された日本人の実態について以下質問する》
こう前置きしたうえで吉岡議員は、朝鮮戦争当時の「日本の掃海部隊の派遣」「占領軍労働者による兵員物資輸送」「各種労働者の韓国派遣」「従軍看護婦の召集」「米軍従軍日本人の戦死」「朝鮮戦争における日本人戦死傷者」「在日韓国人義勇兵」「朝鮮戦争中に国連軍の名の米軍によって朝鮮への出撃基地として使用された日本の基地」の八点についてその事実関係の有無を含めて、日本政府の見解を問いただしている。
この質問に対して当時の中曽根康弘政権が答弁書を「閣議決定」のうえで昭和六十二年四月十日に提示している。実に興味深いやり取りなので、ここで紹介したい。

朝鮮戦争で「戦死」した日本人たち

まず、掃海部隊の派遣についてだ。日本は朝鮮戦争当時、旧日本海軍の掃海部隊を派遣し、実は戦死者を出している。香川県の金刀比羅宮には、この「掃海殉職者」の慰霊碑が建てられていて、海上自衛隊は毎年海軍記念日の五月二十七日に慰霊祭を行っている。

吉岡議員は、まずこの問題について、こう質問をしている。

《一　掃海部隊の参戦について

朝鮮戦争にさいして、戦後米占領軍によって温存された、海上保安庁所属の旧日本海軍掃海部隊千二百名が機雷掃海のため参戦した。

これに関し以下の質問に答えられたい。

1　元在日米海軍司令部政治顧問であり、現在米国防総省日本課長の職にある、ジェームス・アワー氏の博士論文の邦訳である『よみがえる日本海軍（上）』によると「一九五〇年一〇月二日から一二月一二日までの間に、四六隻の日本掃海艇、大型試航船（水圧機雷掃海用）および一二〇〇名の旧海軍軍人は元山、群山、仁川、海城、鎮南浦の各掃海に従事して、三二七キロメートルの水道と六〇七平方マイル以上の泊地を掃海した。」とある。

一方、『海上保安庁三十年史』は、「掃海艇二十隻、巡視船四隻及び試航船一隻」によって

「四個の掃海隊を編成し」「第七艦隊司令官の命令に従つて行動」させたと記している。

正確には何隻、何人がどういう形で参戦したのか明らかにされたい。

2　ジェームズ・アワー氏の前記論文『よみがえる日本海軍（上）』によるとその経過はつぎのようにえがかれている。

「バーク提督は、アメリカ海軍が相当の障害を排除しうる掃海部隊を持つていないこと、とくに北朝鮮海域に進入すれば複雑なソビエト製感応機雷に遭遇する可能性について、よく知つていた。この感応機雷を処理できる、高い練度を持つ大きな掃海部隊がたつた一つあつた。それは海上保安庁の掃海部隊で、日本内地の沿岸航路や瀬戸内海の掃海作業に当時なお従事していた。元山上陸作戦実施がはつきりと決定されたあとで、バークは大久保長官を極東アメリカ海軍部隊司令部作戦室に呼んで、アメリカ軍の元山上陸作戦の必要性を説明し、同海域にソビエト製機雷が敷設されているかもしれない点について、彼が懸念しているところを大久保に伝えた。」「バークは大久保に対して日本の掃海艇を対馬海峡地域に集合させて、元山沖の掃海を援助し仁川の敷設機雷の後始末を支援するよう要請した。大久保は、この要請を受け入れる決定は海上保安庁長官としては余りにも重大すぎるので、決定を下してもらうために吉田首相に会つて話を伝えることにしよう、と答えた。」「掃海作業は戦闘であり、海上保安庁法の第二五条には、海上保安庁は非軍事的部隊である、と明記されてあつた。旧日本海軍軍人に対して、アメリカ軍の支援作戦に彼らの生命を賭けさせることは、きわめて説明困難であつた。日本は当時なお占領下にあり、総司令部の支配下にあつた。吉田首相は大久保海上保安庁長官に対して、同庁の掃海艇をアメリカ海軍の希望どおりに派遣するよう伝えた。

当時、海上保安庁航路啓開本部長であつた田村久三元大佐は、一九五〇年一〇月二日、彼が指揮官となつて朝鮮派遣掃海部隊を編成した。隊員の中には朝鮮行きをためらう者もあつたけれども、給与を二倍にすると約束され、田村、バークおよび三田――当時警備救難監――から強い激励の言葉を与えられたのちには、朝鮮行きをどうしても嫌だという者はいなかつた。一九五〇年一〇月六日、極東アメリカ海軍部隊司令官ジョイ中将は運輸省に対して、連合軍最高司令官の公式承認書を送り、極東アメリカ海軍部隊司令官の命令どおりに掃海艇二〇隻を集合させるよう命じ、掃海艇には朝鮮海域にあるときはただ国際信号旗のE旗だけを掲げるよう指示し、また（隊員たちには）二倍の給与を支給するよう命じた。」

こうして日本の掃海部隊は同年十二月十五日まで朝鮮戦争に参戦したと記録されている。

以上の経過もふくめて、参戦に至るまでの事実関係を明確にされたい。また派遣された掃海部隊の地位、隊員の身分はどういうものだつたのか。

3　ジェームス・アワー氏によれば、この掃海部隊の朝鮮戦争参戦は、米軍の要請をうけて日本政府が派遣を伝え、米軍の承認をえておこなつたという形になつている。日本政府が朝鮮戦争に参戦する掃海部隊を派遣したことは、海上保安庁法および日本国憲法に違反するものであることは明白である。政府はこれを今日、法的にどう説明するのか。

4　この掃海参戦による死傷者についてジェームス・アワー氏の前記論文ではつぎのように記されている。

「二隻の掃海艇が沈没――一隻は元山沖で掃海中触雷、他の一隻は群山で座礁――し、掃海艇が触雷沈没する際に日本水兵一人が死亡し、八人が負傷した。

大久保海上保安庁長官は、日本掃海艇が朝鮮海域にある間はほとんど毎日のように、吉田首相に、同海域の掃海について簡単に報告した。日本政府は戦死者や戦傷者に対する補償についての立法措置を講じていなかつたので、吉田首相と大久保長官は日本掃海隊員に死傷者が生じた場合のことを心配していた。大久保はこの件についてバークに話していた。そして日本掃海隊員が戦死したとき総司令部公安局の者がその戦死者の家庭を弔問し、その父親に補償金を支払つた。」

この記述のとおり死傷者が出たのか。

戦死者への補償金はどんな法的根拠にもとづいて出されたか》

この質問に対する中曽根政権の答弁は、次のようなものだ。

《御指摘の件については、御指摘の刊行物及びその他の刊行物に種々の記述がなされているところであり、また、かつて、国会において議論がなされたところでもあるが、今日においては、正確に事実関係を示すことは困難である。

なお、御指摘の掃海部隊の派遣は、米国極東海軍司令官の指令に従つて行われたものと承知している》

実に素っ気ない答弁書だ。この掃海部隊については、桜林美佐氏が『海をひらく 知られざる掃海部隊』（並木書房、二〇〇八年）という良書を出しているので、ぜひとも読んでほしい。

戦う米軍を広範かつ強力に支えた日本

次に吉岡議員は、米軍に対する「日本での後方支援」について、こう質問している。

《二　占領軍労働者による兵員物資輸送について

1　調達庁が昭和三十一年に発行した『占領軍調達史』によると「朝鮮作戦向け兵器弾薬等軍需品その他の積載、輸送、警備、附帯事務等の兵站補給作業に従事したものも相当数にのぼつたと推定される。一方朝鮮海域において勤務する船員や特殊港湾荷役等に従事する者に対しては、勤務の特殊性、危険性にてらして、ＳＰＡ（特別調達庁――引用者注）は連合国軍関係船員給与規程の外に新たに連合国関係特殊港湾荷役者等給与規程を制定し、昭和二十五年七月二日以降従来の給与のほかに特別の手当を支給した」とある。このように、朝鮮海域にまで出動して米軍の輸送作戦に参加したものも多数あつた。朝鮮戦争中、朝鮮海域にまで出動して半島の輸送に参加した日本人の人員はどれだけだつたか。また、全面占領期と講和後にわけると何人ずつになるか。

児島襄氏は、その著書『朝鮮戦争』（第三巻）で、仁川上陸作戦に際し、沖仲仕だけで三千九百三十六人が参加したと書いているが事実か。
2　『占領軍調達史』によると、昭和二十六年一月までのあいだにこれらの労働者のなかから三百八十一名の死傷者、つまり戦死者、戦傷者がでている。『占領軍調達史』によるとつぎのとおりである。
（a）特殊港湾荷役者＝業務上死亡―一名、業務上疾病―七十九名、その他二十一名、（うち死亡者三名をふくむ）。計―百一名。
（b）特殊船員＝業務上死亡―二十二名、業務上疾病―二十名、私傷死―四名、私傷病―二百八十名。計―二百五十四名（原文のまま―引用者注）。
（c）その他朝鮮海域等において特殊輸送業務に従事中死亡した者―二十六名（港湾荷役―四名、船員―二十二名）。
政府としてこれを確認できるか。

3　朝鮮海域での輸送は、講和条約発効後はどうなつたか》

朝鮮戦争中、日本人が米軍の輸送作戦に参加し、朝鮮海域にまで出動し、実に四百名近い死傷者が出ているというのだ。

これに対する中曽根政権の答弁は、次のようなものだ。

《二の1及び2について
「占領軍調達史」に御指摘の内容の記述があることは承知しているが、今日においては、それ以上にその事実関係を確認することは困難である。
二の3について
講和条約発効後、朝鮮海域における米軍の輸送に日本人船員が従事していたかどうかについては、確認し得ない》

さらに吉岡議員は、米軍に対する「韓国での後方支援」について、こう質問している。

《三　各種労働者の韓国派遣について

日本人労働者は海上輸送だけでなく、陸上での兵器の整備、修理、通信関係業務のために、PD（調達）工場、LR（役務調達）工場からの出張という形で韓国にも送られた。鉄道専門員も朝鮮に渡つて戦争に協力させられた。

その実態をあきらかにされたい。また、これら労働者の戦死傷等被害の実態もあわせてあきらかにされたい》

朝鮮戦争中に、日本人が韓国、つまり戦地で兵器の整備、修理などを担当していたというのだ。

これに対する中曽根政権の答弁は次のようなものだ。

《御指摘の日本人労働者の韓国への派遣に関する事実関係については、確認し得ない》

朝鮮戦争当時、日本は「従軍看護婦」も派遣した。このことについて、吉岡議員はこう質問している。

《四　従軍看護婦の召集について

朝鮮戦争には日赤看護婦も「国連軍」看護婦として召集された。昭和二十六年九月二十六日の日赤第五十六回通常総会で島津忠承社長は「二十五年からはじまった朝鮮事変にたいして、日赤看護婦の派遣要求があったので本社はこれに全面的に協力し、九州地方の各支部から第一次五十四人、第二次二十五人、第三次十七人を交替派遣し、現在六十三人が国連軍病院に勤務いたしております」と演説している。

日赤看護婦韓国派遣の実態（派遣期間、人数など）と地位をあきらかにされたい。またその被害の状況もあきらかにされたい》

これに対する中曽根政権の答弁は次のようなものだ。

《日本赤十字社の看護婦が韓国へ派遣されたという事実は、確認し得ない》

続いて吉岡議員は、朝鮮戦争に際して米軍に従って韓国に赴き、戦死した日本人がいたかどうかについて質問している。

《五　その他の戦死者について

昭和二十七年十一月十三日付け朝日新聞は、政府が、日米合同委員会を通じ、米国にたいし米軍従軍日本人の戦死確認と見舞金の支払いを要求した旨報じている。このような政府からの要求の事例、米側の回答の状況についてあきらかにされたい》

これに対する中曽根政権の答弁は次のようなものだ。

《御指摘の件のような事例については、既に相当の時日が経過していることもあり、正確な事実関係を確認することは困難である》

そもそも朝鮮戦争で、日本人の戦死傷者はどれくらいいたのか。吉岡議員はこう質問している。

《六　朝鮮戦争における日本人戦死傷者の全貌について
『占領軍調達史』によれば、わずか半年間にPD関係だけでも五十二名の戦死者があつた。朝鮮戦争全期間中のPD関係以外も含めた日本人の戦死傷者はどれだけになるのか、またその弔慰金の支払い状況はどうなつているのか全貌をあきらかにされたい》

これに対する中曽根政権の答弁は次のようなものだ。

《御質問の事項については、「占領軍調達史」に記述されていること以上は承知していない》

日本の軍事的関わりを「なかったこと」にしてはならない

吉岡議員は、さらに驚くべきことを質問している。朝鮮戦争当時、在日の韓国人青年、学生たちが自ら志願して朝鮮戦争に参加し、戦死者も出しているというのだ。

《七　在日韓国人義勇兵について
朝鮮戦争勃発とともに在日韓国人青年、学生の参戦志願者が、国連軍に編入されて参戦、仁川上陸作戦に参加し、また各戦線に参加した。これは韓国人とはいえ日本に在住する外国人であり、日本と無関係の問題ではない。

そこでたずねる。

1　在日韓国人志願兵は七百二十五名におよび、六十一名が戦死したとの記録もあるが、その規模および戦死者は何人か。参戦の期間、戦後再入国したかどうかもあわせてあきらかにされたい。

2　この在日韓国人義勇兵はどんな法的根拠と手続で出国、参戦し、再入国したか。

3　韓国駐日代表部が「民団」に通達して、米第八軍に志願し、朝霞の米軍キャンプに入隊したとの記録があるが、日本政府は、これらに了承をあたえていたのか》

これに対する中曽根政権の答弁は次のようなものだ。

《御指摘の件についての事実関係は、承知していない。

なお、当時、我が国政府が韓国人の米軍への入隊に関して了承を与えるということはなかつたと承知している》

この在日韓国人志願兵についてはその後、二〇〇七年に金賛汀『在日義勇兵帰還せず　朝鮮戦争秘史』（岩波書店）という本が出ている。これを読むと、在日韓国人たちが愛国心から義勇兵として韓国に行ったが、韓国の李承晩政権からは冷たく扱われただけでなく、日本語を話していた（彼らは一九四五年まで日本人だった）ため、「米軍が日本兵を従軍させている」と誤解され、国際問題になった経緯が記されている。

吉岡議員は最後に、朝鮮戦争当時、米軍の出撃拠点として使用された日本の基地について、こう質問している。

《八　このさいあわせて、朝鮮戦争中に国連軍の名の米軍によって朝鮮への出撃基地として使用された日本の基地のリストをあきらかにされたい》

これに対する中曽根政権の答弁は次のようなものだ。

《御質問の事項については、承知していない》

中曽根政権の素っ気ない答弁からもわかるように、日本政府は、憲法九条違反だと非難されたくないためか、朝鮮戦争と日本との軍事的関わりを「なかったこと」にしようとしているのだ。

あたかも朝鮮戦争が起こっても、日本は何の関係もなかったし、関係を持たずに済んだかのように偽装し、当時の記録をきちんと保存し、整理することさえも怠っている。しかし、吉岡議員が指摘した項目はすべて、朝鮮半島や台湾といった近隣で戦争、紛争が起こったときに、日本として対処しなければならないことばかりなのだ。

貴重な先例、歴史を踏まえてこそ、適切な対応をとることができる。

にもかかわらず、危機管理上、極めて重要な「歴史」を「なかったこと」にし、その記録を整備していない日本政府は、極めて無責任だと断じざるをえない。

日本政府がこうした自己欺瞞に逃げ込んでいるので、日本人の大半は、朝鮮半島や台湾で戦争が起こっても、日本は無関係でいられると、すっかり誤解してしまっているようだ。

だが、本書で紹介したように、当時の吉田茂首相をはじめとする多くの日本人は、米軍の占領下で「独立」を奪われ、現行憲法によって「戦争を放棄」させられたにもかかわらず、朝鮮戦争と国共内戦（台湾紛争）は、日本の平和と安全に直接影響してくるのであって主体的に対応すべきだと信じ、行動したのだ。

日本は、傍観者であってはならない。倉山満氏の『世界一わかりやすい地政学の本』（ヒカルランド）などを読んでほしいが、地政学の用語を使えば、日本は敗戦後も「アクター（主体性のある国）」であろうとしたのだ。

敗戦後の、朝鮮戦争に至る歴史を「なかったこと」にしてはならない。特にアメリカ、ソ連、中国共産党による秘密工作、インテリジェンスの戦いの歴史を思い起こし、語り継いでいかなければならない。

それは、いま現在も水面下で繰り広げられている日本、朝鮮半島、台湾を含むアジアでの「インテリジェンスの戦い」に、日本が主体的に対応するためにどうしても必要なことなのだ。

【注】

1　参議院質問主意書情報
http://www.sangiin.go.jp/japanese/joho1/kousei/syuisyo/108/meisai/m108006.htm

PHP新書

PHP INTERFACE
https://www.php.co.jp/

江崎道朗［えざき・みちお］

評論家、拓殖大学大学院客員教授
1962年生まれ。九州大学卒業後、月刊誌編集、団体職員、国会議員政策スタッフを務め、安全保障、インテリジェンス、近現代史研究に従事。2016年夏から本格的に評論活動を開始。
著書に、『日本占領と「敗戦革命」の危機』『コミンテルンの謀略と日本の敗戦』（以上、PHP新書）、『日本は誰と戦ったのか』（ワニブックスPLUS新書）、『アメリカ側から見た東京裁判史観の虚妄』（祥伝社新書）、『マスコミが報じないトランプ台頭の秘密』（青林堂）など。

朝鮮戦争と日本・台湾「侵略」工作

PHP新書 1197

二〇一九年八月二十三日　第一版第一刷

著者――江崎道朗
発行者――後藤淳一
発行所――株式会社PHP研究所
東京本部――〒135-8137 江東区豊洲5-6-52
第一制作部PHP新書課 ☎03-3520-9615（編集）
普及部 ☎03-3520-9630（販売）
京都本部――〒601-8411 京都市南区西九条北ノ内町11
組版――朝日メディアインターナショナル株式会社
装幀者――芦澤泰偉＋児崎雅淑
印刷所
製本所――図書印刷株式会社

ISBN978-4-569-84349-0

PHP新書刊行にあたって

「繁栄を通じて平和と幸福を」(PEACE and HAPPINESS through PROSPERITY)の願いのもと、PHP研究所が創設されて今年で五十周年を迎えます。その歩みは、日本人が先の戦争を乗り越え、並々ならぬ努力を続けて、今日の繁栄を築き上げてきた軌跡に重なります。

しかし、平和で豊かな生活を手にした現在、多くの日本人は、自分が何のために生きているのか、どのように生きていきたいのかを、見失いつつあるように思われます。そして、その間にも、日本国内や世界のみならず地球規模での大きな変化が日々生起し、解決すべき問題となって私たちのもとに押し寄せてきます。

このような時代に人生の確かな価値を見出し、生きる喜びに満ちあふれた社会を実現するために、いま何が求められているのでしょうか。それは、先達が培ってきた知恵を紡ぎ直すこと、その上で自分たち一人一人がおかれた現実と進むべき未来について丹念に考えていくこと以外にはありません。

その営みは、単なる知識に終わらない深い思索へ、そしてよく生きるための哲学への旅でもあります。弊所が創設五十周年を迎えましたのを機に、PHP新書を創刊し、この新たな旅を読者と共に歩んでいきたいと思っています。多くの読者の共感と支援を心よりお願いいたします。

一九九六年十月

PHP研究所

PHP新書

［政治・外交］

318・319 憲法で読むアメリカ史（上・下）　阿川尚之
426 日本人としてこれだけは知っておきたいこと　中西輝政
745 官僚の責任　古賀茂明
746 ほんとうは強い日本　田母神俊雄
807 ほんとうは危ない日本　田母神俊雄
826 迫りくる日中冷戦の時代　中西輝政
841 日本の「情報と外交」　孫崎 享
874 憲法問題　伊藤 真
881 官房長官を見れば政権の実力がわかる　菊池正史
891 利権の復活　古賀茂明
893 語られざる中国の結末　宮家邦彦
898 なぜ中国から離れると日本はうまくいくのか　石 平
920 テレビが伝えない憲法の話　木村草太
931 中国の大問題　丹羽宇一郎
954 哀しき半島国家　韓国の結末　宮家邦彦
964 中国外交の大失敗　中西輝政
965 アメリカはイスラム国に勝てない　宮田 律
967 新・台湾の主張　李 登輝
972 安倍政権は本当に強いのか　御厨 貴
979 なぜ中国は覇権の妄想をやめられないのか　石 平
982 戦後リベラルの終焉　池田信夫
986 こんなに脆い中国共産党　日暮高則
988 従属国家論　佐伯啓思
989 東アジアの軍事情勢はこれからどうなるのか　能勢伸之
993 中国は腹の底で日本をどう思っているのか　富坂 聰
999 国を守る責任　折木良一
1000 アメリカの戦争責任　竹田恒泰
1005 ほんとうは共産党が嫌いな中国人　宇田川敬介
1008 護憲派メディアの何が気持ち悪いのか　潮 匡人
1014 優しいサヨクの復活　島田雅彦
1019 愛国ってなんだ　民族・郷土・戦争　古谷経衡［著］／奥田愛基［対談者］
1024 ヨーロッパから民主主義が消える　川口マーン惠美
1031 中東複合危機から第三次世界大戦へ　山内昌之
1042 だれが沖縄を殺すのか　ロバート・D・エルドリッヂ
1043 なぜ韓国外交は日本に敗れたのか　武貞秀士
1045 世界に負けない日本　薮中三十二
1058 「強すぎる自民党」の病理　池田信夫
1060 イギリス解体、EU崩落、ロシア台頭　岡部 伸
1066 習近平はいったい何を考えているのか　丹羽宇一郎

1076 日本人として知っておきたい「世界激変」の行方　中西輝政
1082 日本の政治報道はなぜ「嘘八百」なのか　潮 匡人
1083 なぜローマ法王は世界を動かせるのか　徳安 茂
1089 イスラム唯一の希望の国 日本　宮田 律
1090 返還交渉 沖縄・北方領土の「光と影」　東郷和彦
1122 強硬外交を反省する中国　宮本雄二
1124 チベット 自由への闘い　櫻井よしこ
1135 リベラルの毒に侵された日米の憂鬱　ケント・ギルバート
1137 「官僚とマスコミ」は嘘ばかり　髙橋洋一
1153 日本転覆テロの怖すぎる手口　兵頭二十八
1157 二〇二五年、日中企業格差　近藤大介
1169 韓国壊乱　櫻井よしこ／洪 熒
1180 プーチン幻想　グレンコ・アンドリー
1188 シミュレーション日本降伏　北村 淳
1189 ウイグル人に何が起きているのか　福島香織

［歴史］

061 なぜ国家は衰亡するのか　中西輝政
286 歴史学ってなんだ？　小田中直樹
505 旧皇族が語る天皇の日本史　竹田恒泰
591 対論・異色昭和史　鶴見俊輔／上坂冬子
663 日本人として知っておきたい近代史［明治篇］　中西輝政
734 謎解き「張作霖爆殺事件」　加藤康男
738 アメリカが畏怖した日本　渡部昇一
748 詳説〈統帥綱領〉　柘植久慶
755 日本人はなぜ日本のことを知らないのか　竹田恒泰
761 真田三代　平山 優
776 はじめてのノモンハン事件　森山康平
784 日本古代史を科学する　中田 力
791 『古事記』と壬申の乱　関 裕二
848 院政とは何だったか　岡野友彦
865 徳川某重大事件　徳川宗英
903 アジアを救った近代日本史講義　渡辺利夫
922 木材・石炭・シェールガス　石井 彰
943 科学者が読み解く日本建国史　中田 力
968 古代史の謎は「海路」で解ける　長野正孝
1001 日中関係史　岡本隆司
1012 古代史の謎は「鉄」で解ける　長野正孝
1015 徳川がみた「真田丸の真相」　徳川宗英
1028 歴史の謎は透視技術「ミュオグラフィ」で解ける　田中宏幸／大城道則
1037 なぜ二宮尊徳に学ぶ人は成功するのか　松沢成文
1057 なぜ会津は希代の雄藩になったか　中村彰彦
1061 江戸はスゴイ　堀口茉純

1064 真田信之 父の知略に勝《まさ》った決断力 平山 優
1071 国際法で読み解く世界史の真実 倉山 満
1074 龍馬の「八策」 松浦光修
1075 誰が天照大神を女神に変えたのか 武光 誠
1077 三笠宮と東條英機暗殺計画 加藤康男
1085 新渡戸稲造はなぜ『武士道』を書いたのか 草原克豪
1086 日本にしかない「商いの心」の謎を解く 呉 善花
1096 名刀に挑む 松田次泰
1097 戦国武将の病《やまい》が歴史を動かした 若林利光
1104 一九四五 占守島の真実 相原秀起
1107 ついに「愛国心」のタブーから解き放たれる日本人 ケント・ギルバート
1108 コミンテルンの謀略と日本の敗戦 江崎道朗
1111 北条氏康 関東に王道楽土を築いた男 伊東 潤／板嶋常明
1115 古代の技術を知れば、『日本書紀』の謎が解ける 長野正孝
1116 国際法で読み解く戦後史の真実 倉山 満
1118 歴史の勉強法 山本博文
1121 明治維新で変わらなかった日本の核心 猪瀬直樹／磯田道史
1123 天皇は本当にただの象徴に堕ちたのか 竹田恒泰
1129 物流は世界史をどう変えたのか 玉木俊明
1130 なぜ日本だけが中国の呪縛から逃れられたのか 石 平
1138 吉原はスゴイ 堀口茉純
1141 福沢諭吉 しなやかな日本精神 小浜逸郎
1142 卑弥呼以前の倭国五〇〇年 大平 裕
1152 日本占領と「敗戦革命」の危機 江崎道朗
1160 明治天皇の世界史 倉山 満
1167 吉田松陰『孫子評註』を読む 森田吉彦
1168 特攻 知られざる内幕 戸髙一成［編］
1176 「縄文」の新常識を知れば 日本の謎が解ける 関 裕二
1177 「親日派」朝鮮人 消された歴史 拳骨拓史
1178 歌舞伎はスゴイ 堀口茉純
1181 日本の民主主義はなぜ世界一長く続いているのか 竹田恒泰
1185 戦略で読み解く日本合戦史 海上知明
1192 中国をつくった12人の悪党たち 石 平

［経済・経営］

187 働くひとのためのキャリア・デザイン 金井壽宏
379 なぜトヨタは人を育てるのがうまいのか 若松義人
450 トヨタの上司は現場で何を伝えているのか 若松義人
543 ハイエク 知識社会の自由主義 池田信夫

587 微分・積分を知らずに経営を語るな　内山 力
594 新しい資本主義　原 丈人
620 自分らしいキャリアのつくり方　高橋俊介
752 日本企業にいま大切なこと　野中郁次郎／遠藤 功
852 ドラッカーとオーケストラの組織論　山岸淳子
882 成長戦略のまやかし　小幡 績
887 そして日本経済が世界の希望になる
ポール・クルーグマン［著］／山形浩生［監修・解説］／
大野和基［訳］
892 知の最先端　クレイトン・クリステンセンほか［著］／
大野和基［インタビュー・編］
901 ホワイト企業　高橋俊介
908 インフレどころか世界はデフレで蘇る　中原圭介
932 なぜローカル経済から日本は甦るのか　冨山和彦
958 ケインズの逆襲、ハイエクの慧眼　松尾 匡
973 ネオアベノミクスの論点　若田部昌澄
980 三越伊勢丹　ブランド力の神髄　大西 洋
984 逆流するグローバリズム　竹森俊平
985 新しいグローバルビジネスの教科書　山田英二
998 超インフラ論　藤井 聡
1003 その場しのぎの会社が、なぜ変われたのか　内山 力
1023 大変化――経済学が教える二〇二〇年の日本と世界　竹中平蔵
1027 戦後経済史は嘘ばかり　髙橋洋一
1029 ハーバードでいちばん人気の国・日本　佐藤智恵
1033 自由のジレンマを解く　松尾 匡
1034 日本経済の「質」はなぜ世界最高なのか　福島清彦
1039 中国経済はどこまで崩壊するのか　安達誠司
1080 クラッシャー上司　松崎一葉
1081 三越伊勢丹　モノづくりの哲学　大西 洋／内田裕子
1084 セブン-イレブン1号店　繁盛する商い　山本憲司
1088 「年金問題」は嘘ばかり　髙橋洋一
1105 「米中経済戦争」の内実を読み解く　津上俊哉
1114 クルマを捨ててこそ地方は甦る　藤井 聡
1120 人口知能は資本主義を終焉させるか
齊藤元章／井上智洋
1136 残念な職場　河合 薫
1162 なんで、その価格で売れちゃうの?　永井孝尚
1166 人生に奇跡を起こす営業のやり方　田口佳史／田村 潤
1172 お金の流れで読む　日本と世界の未来
ジム・ロジャーズ［著］／大野和基［訳］
1174 「消費増税」は嘘ばかり　髙橋洋一
1175 平成の教訓　竹中平蔵
1187 なぜデフレを放置してはいけないか　岩田規久男

［**社会・教育**］

117 社会的ジレンマ　山岸俊男
335 NPOという生き方　島田　恒
418 女性の品格　坂東眞理子
495 親の品格　坂東眞理子
504 生活保護vsワーキングプア　大山典宏
522 プロ法律家のクレーマー対応術　横山雅文
537 ネットいじめ　荻上チキ
546 本質を見抜く力――環境・食料・エネルギー　養老孟司／竹村公太郎
586 理系バカと文系バカ　竹内　薫［著］／嵯峨野功一［構成］
602 「勉強しろ」と言わずに子供を勉強させる法　小林公夫
618 世界一幸福な国デンマークの暮らし方　千葉忠夫
621 コミュニケーション力を引き出す　平田オリザ／蓮行
629 テレビは見てはいけない　苫米地英人
632 あの演説はなぜ人を動かしたのか　川上徹也
681 スウェーデンはなぜ強いのか　北岡孝義
692 女性の幸福［仕事編］　坂東眞理子
706 日本はスウェーデンになるべきか　高岡　望
720 格差と貧困のないデンマーク　千葉忠夫
741 本物の医師になれる人、なれない人　小林公夫
780 幸せな小国オランダの智慧　紺野　登
783 原発「危険神話」の崩壊　池田信夫
786 新聞・テレビはなぜ平気で「ウソ」をつくのか　上杉　隆
789 「勉強しろ」と言わずに子供を勉強させる言葉　小林公夫
792 「日本」を捨てよ　苫米地英人
819 日本のリアル　養老孟司
823 となりの闇社会　一橋文哉
828 ハッカーの手口　岡嶋裕史
829 頼れない国でどう生きようか　加藤嘉一／古市憲寿
832 スポーツの世界は学歴社会　橘木俊詔／齋藤隆志
847 子どもの問題　いかに解決するか　岡田尊司／魚住絹代
854 女子校力　杉浦由美子
857 大津中2いじめ自殺　共同通信大阪社会部
858 中学受験に失敗しない　高濱正伸
869 若者の取扱説明書　齋藤　孝
870 しなやかな仕事術　林　文子
872 この国はなぜ被害者を守らないのか　川田龍平
875 コンクリート崩壊　溝渕利明
879 原発の正しい「やめさせ方」　石川和男
888 日本人はいつ日本が好きになったのか　竹田恒泰
896 著作権法がソーシャルメディアを殺す　城所岩生
897 生活保護vs子どもの貧困　大山典宏

［**心理・精神医学**］

1131 愛とためらいの哲学　岸見一郎

［地理・文化］

264 「国民の祝日」の由来がわかる小事典　所　功

465・466 ［決定版］京都の寺社505を歩く（上・下）　山折哲雄／槇野　修

592 日本の曖昧《あいまい》力　呉　善花

639 世界カワイイ革命　櫻井孝昌

650 奈良の寺社150を歩く　山折哲雄／槇野　修

670 発酵食品の魔法の力　小泉武夫／石毛直道［編著］

705 日本はなぜ世界でいちばん人気があるのか　竹田恒泰

757 江戸東京の寺社609を歩く 下町・東郊編　山折哲雄／槇野　修

758 江戸東京の寺社609を歩く 山の手・西郊編　山折哲雄／槇野　修

845 鎌倉の寺社122を歩く　山折哲雄／槇野　修

877 日本が好きすぎる中国人女子　櫻井孝昌

889 京都早起き案内　麻生圭子

890 反日・愛国の由来　呉　善花

934 世界遺産にされて富士山は泣いている　野口　健

936 山折哲雄の新・四国遍路　山折哲雄

948 新・世界三大料理　神山典士［著］／中村勝宏、山本豊、辻芳樹［監修］

971 中国人はつらいよ——その悲惨と悦楽　大木　康

1119 川と掘割〝20の跡〟を辿る江戸東京歴史散歩　岡本哲志

1182 京都の通りを歩いて愉しむ　柏井　壽

1184 現代の職人　早坂　隆

［文学・芸術］

258 「芸術力」の磨きかた　林　望

343 ドラえもん学　横山泰行

415 本の読み方 スロー・リーディングの実践　平野啓一郎

421 「近代日本文学」の誕生　坪内祐三

497 すべては音楽から生まれる　茂木健一郎

519 團十郎の歌舞伎案内　市川團十郎

578 心と響き合う読書案内　小川洋子

581 ファッションから名画を読む　深井晃子

588 小説の読み方　平野啓一郎

731 フランス的クラシック生活　ルネ・マルタン［著］／高野麻衣［解説］

781 チャイコフスキーがなぜか好き　亀山郁夫

820 心に訊《き》く音楽、心に効く音楽　高橋幸宏

843 仲代達矢が語る 日本映画黄金時代　春日太一

876 京大理系教授の伝える技術 鎌田浩毅
878 ［実践］小説教室 根本昌夫
886 クイズ王の「超効率」勉強法 日高大介
899 脳を活かす伝え方、聞き方 茂木健一郎
929 人生にとって意味のある勉強法 隂山英男
933 すぐに使える! 頭がいい人の話し方 齋藤 孝
944 日本人が一生使える勉強法 竹田恒泰
983 辞書編纂者の、日本語を使いこなす技術 飯間浩明
1002 高校生が感動した微分・積分の授業 山本俊郎
1054 「時間の使い方」を科学する 一川 誠
1068 雑談力 百田尚樹
1078 東大合格請負人が教える できる大人の勉強法 時田啓光
1113 高校生が感動した確率・統計の授業 山本俊郎
1127 一生使える脳 長谷川嘉哉
1133 深く考える力 田坂広志
1171 国際線機長の危機対応力 横田友宏
1186 実行力 橋下 徹

［宗教］

123 お葬式をどうするか ひろさちや
300 梅原猛の『歎異抄』入門 梅原 猛
849 禅が教える 人生の答え 枡野俊明
868 あなたのお墓は誰が守るのか 枡野俊明
955 どうせ死ぬのになぜ生きるのか 名越康文

［言語・外国語］

996 にほんご歳時記 山口謠司
1011 みっともない女 川北義則
1110 実践 ポジティブ心理学 前野隆司

［思想・哲学］

032 〈対話〉のない社会 中島義道
058 悲鳴をあげる身体 鷲田清一
086 脳死・クローン・遺伝子治療 加藤尚武
468 「人間嫌い」のルール 中島義道
856 現代語訳 西国立志編 サミュエル・スマイルズ［著］／中村正直［訳］／金谷俊一郎［現代語訳］
884 田辺元とハイデガー 合田正人
976 もてるための哲学 小川仁志
1095 日本人は死んだらどこへ行くのか 鎌田東二
1117 和辻哲郎と昭和の悲劇 小堀桂一郎
1155 中国人民解放軍 茅原郁生
1159 靖國の精神史 小堀桂一郎
1163 AI監視社会・中国の恐怖 宮崎正弘